青春文学精品集

希望是擦去烦恼的橡皮

《语文报》编写组 选编

时代文艺出版社

图书在版编目（CIP）数据

希望是擦去烦恼的橡皮 /《语文报》编写组选编.
-- 长春：时代文艺出版社，2022.3
（青春文学精品集萃丛书. 希望系列）
ISBN 978-7-5387-6723-0

Ⅰ. ①希… Ⅱ. ①语… Ⅲ. ①作文－中小学－选集
Ⅳ. ①H194.5

中国版本图书馆CIP数据核字(2021)第089811号

希望是擦去烦恼的橡皮

XIWANG SHI CAQU FANNAO DE XIANGPI

《语文报》编写组　选编

出 品 人：陈　琛
责任编辑：陈　阳
装帧设计：孙　利
排版制作：隋淑凤

出版发行：时代文艺出版社
地　　址：长春市福祉大路5788号　龙腾国际大厦A座15层　(130118)
电　　话：0431-81629751（总编办）　0431-81629755（发行部）
官方微博：weibo.com/tlapress
开　　本：650mm×910mm　1/16
字　　数：135千字
印　　张：11
印　　刷：永清县畔盛亚胶印有限公司
版　　次：2022年3月第1版
印　　次：2022年3月第1次印刷
定　　价：38.00元

图书如有印装错误　请寄回印厂调换

编 委 会

主　　编：刘应伦

编　　委：刘应伦　赵　静　李音霞
　　　　　郭　斐　刘瑞霞　王素红
　　　　　金星闪　周　起　华晓隽
　　　　　何发祥　朱晓东　陈　颖
　　　　　段岩霞　刘学强

本册主编：张　瑾　徐继伟

我和冬天有个约会

金色童年·浓郁书香 / 骆　瑶	002
我与书结缘 / 卢庆洋	004
站在兔毛的顶端 / 蒋与璐	006
因阅读而厚重 / 王若舟	008
因为那本书 / 尹礼悦	010
成长需要精神 / 姜昊东	012
秋姑娘来了 / 雍佳烨	014
我和冬天有个约会 / 叶重月	016
爱在大自然 / 马　芸	018
2016年的第一场雪 / 王禹萱	020
冬天里的温暖 / 王　雨	022
窗外 / 许文涵	024
草木有本心 / 丘锦程	026
美丽的海棠花 / 燕亚丽	028
淡淡的日子也飘香 / 张　晶	030
那时花开 / 章　宇	032
花儿一定会开 / 章　瑜	033

希望是擦去烦恼的橡皮

"向着微笑"的花——樱花 / 许文涵 035

留一点儿耐心给自己 / 赵 晨 037

留一点儿希望给自己 / 陈心怡 039

留一点儿梦想给自己 / 杨紫璇 041

留一点儿责任给自己 / 陶 洁 043

童 年 小 趣

春节扫雪 / 熊新燕 046

呵护我们的美丽 / 王子卉 048

想给你种一片森林 / 雍文轩 050

童年小趣 / 王雨薇 052

难忘我的小伙伴 / 张浩泽 054

永远温和的你 / 李万田 056

老师不在的时候 / 俞向远 058

零食之友 / 李章宁 060

是你教会了我 / 李伟瑄 062

未曾忘却的…… / 张芳玲 064

秋天的想念 / 虞艺凡 066

一对身影 / 李睿涵 068

芒花 / 迟伊源 070

阳光的香味 / 杨婷婷 072

那掌声，我永远的记忆 / 王 妍 074

那一次，我成功了 / 朱 上 076

我不是差生 / 顾 想 078

夏 / 李 想 081

一只鸽子的勇气 / 段玥含 083

有一种声音在记忆深处

一支笔的信任 / 陈宇朗 086
美丽的蜡烛会唱歌 / 张 蕊 088
花季教师节 / 章子玮 090
亦父亦师 / 吴润蕊 092
有一种声音在记忆深处 / 李若涵 094
我的影子朋友 / 李若涵 096
我的同桌 / 戴 洁 098
只是因为那个人 / 许沐琪 100
真得谢谢你 / 陈 凡 102
心儿安放的地方 / 何宗志 104
汤包 / 杨雨彤 106
新疆之行 / 邹宇桐 108
别有天地 / 居会浩 110
美丽的莲花峰 / 张可仁 112
换一个角度寻找快乐 / 李 倩 114
我的风景 / 何莹莹 116
只是因为那条路 / 高可欣 118
邂逅秋天 / 李璟轩 120
茶花之美 / 李梦婷 122
向日葵，向日葵 / 龚心一 124
家有球迷 / 潘 航 126
家有粥香 / 高 旭 127

希望是擦去烦恼的橡皮

听到花开的声音

陪伴 / 朱　婷	130
黑发，白发 / 王心怡	133
网 / 王　蕊	135
这世界有我 / 朱　雪	137
小小的我 / 何　以	139
听到花开的声音 / 黄　迪	141
成长，离不开挫折的磨炼 / 蒋欣悦	143
让心灵开花 / 史文卓	145
其实，我很幸福 / 杨　天	147
春暖花开 / 周奕天	149
这样也挺好 / 董静雯	151
享受过程 / 张　萍	153
一个人的战斗 / 谢　天	155
致过去的自己的一封信 / 李家旺	157
时光不老，我们不散 / 李　璐	159
真的谢谢你 / 薛煜菲	161
心中那座桥 / 刘乃卿	163
有你相伴 / 王念一	165
你是我的一本书 / 刘淑文	167

我和冬天有个约会

希望是擦去烦恼的橡皮

金色童年·浓郁书香

骆 瑶

童年如那朝气蓬勃、积极向上的金色向日葵，如同一个玲珑精细的记忆匣保留着每一位孩子的金色时光。

我和其他孩子一样，拥有一个完美、快乐的童年。我从向日葵中取下了一颗果实，敲开了小小的它，昔日的欢乐记忆的画面尽显眼前。

小时候的我文文静静，很少像其他小朋友一样玩耍，陪伴我最多的还是我的知心朋友——书本。

从朦胧的记事时期开始，我记得的第一本书是《格林童话》，因为年龄太小，许多字都认不全。我会每天晚上靠在妈妈怀里听她为我讲里面的故事。故事的情节曲折唯美。小小的我虽理解得不太透彻，但也有所领悟，可以说是似懂非懂。它看似只是一本童话书，却给予我很多启迪，让我对人生有了初步的了解。《格林童话》如一把钥匙开启了我对书的向往。

随着年龄的增长，我已然成为一名少年，但对书本的执着追求仍没有改变过，也了解了更多的书，向更宽广的海洋游去。

长大了了解到世界有许多名著，孔子的《春秋》、笛福的

《鲁滨孙漂流记》、马克·吐温的《汤姆·索亚历险记》等等。

所有书中，我最喜爱的还是五年级读到的那凄凉的《红楼梦》。为了能看懂，妈妈还在网上下载了电视剧给我看，当然我也是似懂非懂啦，但是记忆深刻的是那些女孩子——大观园里的金陵十二钗，令我回味无穷。林黛玉多愁善感却满腹经纶，使人不得不举大拇指呢。薛宝钗为人和善也是我学习的典范。王熙凤、史湘云、贾家四姐妹、李纨、秦可卿、妙玉、贾巧姐……都是才华横溢的女孩子。

书——我的知己，散发着浓郁书香，香气弥漫在我的天空。

金色的童年，美好的梦想，永恒的知己，浓郁的书香。

希望是擦去烦恼的橡皮

我与书结缘

卢庆洋

我与书结缘，我与书之间发生了很多故事。

当我小学三年级的时候，老师不过布置了一篇二百字左右的文章而已，我想了一夜，最终理不出头绪，但为了应付老师，我抄了一篇别人写的文章。事后，虽然老师表扬了我，可是我内心却很难过。我恨自己无能，不过我再三思过，向老师认错。老师送了我一席话，告诉我读书的重要性。

于是我决定好好读书，我与书真正的结缘，是在第一次接触《论语》吧，小时候我就和你在一起了。当我第一次磕磕懵懵背诵你的时候，我就喜欢上了你，知道了世事不能与你分离。孔子的文章当时读起来深奥难懂，于是哥哥便一字一句地教我，耐心地向我解释。经过了几个月的理解，我对人生中读的第一本书有了初步的了解。书是活水，只有不断注入活水，我的思想源泉才能甘甜可口。我也就养成了读书的好习惯。老师曾经告诉我，事实上，每一个成功的人士背后都有千万本书支持他。古人云："书中自有黄金屋，书中自有颜如玉。"我知道了书的重要性，书教会了我做人处事的方圆。

我欠自己一句："黑发不知勤学早，白首方悔读书时。"正是错过了，痛过了，走过了，才让人生变得更有意义。如果我认定生命的位置排第一，那书无疑是第二个心脏。我无法改变时间，但是我可以把有限的生命投入无限的书海里……

今生我与书结缘……

希望是擦去烦恼的橡皮

站在兔毛的顶端

蒋与璐

那一个个鲜红的又，犹如烙铁印在我的心上。

这不是我再熟悉不过的习题吗？为什么却总是这样的"一错再错"？为什么我就没看到那细微的数字的变化？我无法原谅自己，扔掉试卷，默默地走到书柜前。

一缕阳光透过树梢，穿过窗户，倾泻进了书房，将一片金亮洒在书柜上。我的手指漫无目的地滑过一本本书，最后，目光锁定在她身上久久不能移开——《苏菲的世界》。她裹着一层鲜绿的外衣，那是生命的颜色。我轻轻地翻开了她……

看着看着，一句独特的话语映入我的眼帘——"我们生活的世界就像是一个魔术师从帽子里变出的兔子，一般人生活在兔毛深处，什么也看不到……"这只兔子毛皮的深处温暖又安适，许多人随着年龄的增长，也就越来越深入兔子毛皮的深处，并在那里安心待了下来，周而复始，单调无趣。对一切都习以为常，使我们已经丢掉了那颗最初的好奇心。

是呀！试卷上那些一错再错的熟悉不过的习题，正是因为我始终躲在兔毛深处在看它们，它们看似一成不变，却都有着小小的变化，而我，却视而不见。我需要攀到兔毛的顶端去，仔细观察它们细微的变化，感受每道习题给我带来的挑战，不断向看似不变的一切提出质疑。想到这里，我信心满满地坐回了书桌前……

只有敢于追求的人，才会拼命地攀向脆弱的兔毛顶端，去看清这世界的全貌。

感谢书籍！因为有你，我可以感悟生活；因为阅读，我可以平观世界。

希望是擦去烦恼的橡皮

因阅读而厚重

王若舟

她，一个慧黠的女子。

她的散文，像诗，又似图画，还有如小说一般的构思，形成了多元的美感。她说："每个人的心中都有一个角落是留给族人的，而这个角落，连爱情也填它不满。"源于她有一年带孩子去了日本旅行，途中买了一件衬衫，上面带有两个大字："一番。"她一开始不解，后来遇见了一个同女友来到中国的日本男孩儿，才知道"一番"的意思，是指"第一"。

于是，她从男孩儿落寞的表情中看出了一个在异国他乡的游子，对亲人、家园的思念。她留心观察着身边的每一件事，思考着，探索着。她对每件事都有自己独特的感悟，体会到"生命中的寂寞"，寂寞里的生命意义。于是，一件小小的衬衫里蕴含着家国情怀的深度。

这是张晓风和她的散文集《我有一个梦》。

我在读完这本书后，原本焦躁的心如一池碧水般宁静，那似不疾不徐的文字，跳跃在我的心头，荡起点点涟漪；我眼前，仿佛还重现着书中午后橘色的太阳，暖暖的阳光环绕着我……也因为这本书，我爱上了阅读。

阅读书里典雅而纯净的文字，阅读书里不被我们重视过的小故事，阅读平凡里的美好，阅读出生命中的五彩世界。书，原来值得我如此去咀嚼。

因为阅读，渐渐地，我的生命变得厚重而深刻了。

希望是擦去烦恼的橡皮

因为那本书

尹礼悦

一本书，可以让你感受世界的丰富。

那本书是路遥先生的《平凡的世界》。记得我曾经的书，都是被迫买的，基本都是老师要求读的名著，而这本《平凡的世界》是我真正意义上的"第一本书"。

刚开始看的时候，我便爱上了它。每次读它，我的眼前总能展现出一幅辽阔的画面，那是属于孙少平、孙少安、田晓霞几人的故事，在那样一个生活艰苦的时代里，竟然还有那样几个青年勇于追梦的事迹，这实在令人钦佩。

孙少平、孙少安是两兄弟，可他们的气质截然不同。一个带有普通农民的质朴，一个带有文人的书香气息。他们都生活在一个贫瘠的小山村，一个并不富裕的家庭。可他们依然有着自己的理想，并且敢大胆追梦。看了他们的故事，我才明白了：平凡的是这个广袤的世界，不平凡的是各自精彩的人生。我才知道了：原来在那么遥远的年代，有那样贫困的地区，而那里的人们竟过着那样艰苦的生活。这在现实中是我完全体会不到的，虽然，我曾去过一些地区，那里也不富裕，有的地区也留下了前人的一些用品和房子。可我看了，依然没觉得怎样，只是记下了，哦，原来他们的家用、住宅环境这么差，可终究因为自己没有体验过，而不以为意。

可那本书不一样，虽然没有切身体会，但我觉得，就和我经历过了一样。这，就是书籍的魅力。即使你没遇到过、经历过，可它一样可以用它那引人入胜的文字，把你带到书中，带到那样一个地方。

就像是，如果你没读过《名人传》，你如何知道有那样三位艺术巨匠的遭遇？如果你没读过《海底两万里》，你如何知道有那样一个神奇美丽、辽阔无垠的海底世界？

那本书，让我爱上了阅读。

希望是擦去烦恼的橡皮

成长需要精神

姜昊东

这个寒假，我的耳边经常会荡漾着这么一段话："人最宝贵的东西是生命。生命对于我们只有一次。一个人的生命应当这样度过：当他回首往事的时候，他不因虚度年华而悔恨，也不因碌碌无为而羞愧。"这段话来自《钢铁是怎样炼成的》，它是我在寒假中满怀热情读的一本书，是一本永远不会过时的好书。主人公保尔·柯察金是一个人生强者，一个乐观的勇敢者，我被他深深地震撼了，他让我领悟一个人生道理——毅力乃成功之本！

保尔的一生并不顺利，他遭遇了许多挫折，健康状况急剧恶化、双目失明、瘫痪……但他毫不屈服，勇往直前，抱着不能掉队的态度，以惊人的毅力和病魔做斗争。虽然他也想过自杀，但他的毅力很快就打消了这种念头。尽管疾病缠身，但他依然忘我地工作着，以惊人的毅力，靠口述，请亲友笔记，创作了长篇小说，让他一举成名。是什么让他成功的呢？那钢铁般的坚强意志和不屈不挠的崇高精神。

他身残志坚，顽强地活出自己的精彩。而我呢？作为一个身心健康的人，自己力所能及的事情还会依赖家长。学习中，有时我一遇到难题，就打退堂鼓，没有坚强的毅力去克服种种困难和挫折。乒乓球比赛的时候，我一见输球，就垂头丧气、无精打采，没有一点儿奋起直追的拼搏精神。现在觉得我所遇见的困难和保尔比起来，简直是微不足道。所以，我要像保尔那样，做一个生活的强者。我要从现在做起，从我的本职工作——学习开始，好好学习，勇往直前。生活中我也要努力锻炼自己，做一个对社会有用的人。只要保持这种毅力和百折不挠的精神，我相信不久的将来，我也是一块钢铁！

钢铁是怎样炼成的？是用许许多多的挫折困难磨炼出来的。我忘不了保尔，忘不了他的毅力，忘不了他的钢铁精神！我的耳边再一次响起这段话："人最宝贵的东西是生命。生命对于我们只有一次。一个人的生命应当这样度过：当他回首往事的时候，他不因虚度年华而悔恨，也不因碌碌无为而羞愧。"

希望是擦去烦恼的橡皮

秋姑娘来了

雍佳烨

秋姑娘送走了炎热的夏天，她迈着轻盈的步伐来到我们身边。秋风送爽，身边又是一番美丽的景色。

公园里的果树，挂满了沉甸甸的果实。绿色的无花果娃娃躲在那巨大的无花果叶下，完成它的成长。柿子树的叶子掉了许多，满树尽显柿子。那黄澄澄的小灯笼，成为秋美丽的一角。橘子树上挂满了又大又圆的橘子，它们散发着淡淡的清香。那味道让我情不自禁、迫不及待地想吃上一口。

秋天不仅是硕果累累的季节，也是令人心旷神怡的季节。

秋天许多草已经枯萎了，有的发黄，有的变成了棕黑色，让人深深感觉到秋的存在。但是仍有个别油绿的小草挺立在秋风中，显得生机勃勃。无名的野花穿着淡粉色的纱裙也在风中翩翩起舞。最有趣的就是那可爱的含羞草，绒球形的小花令人心中滋生出一种喜爱，那一片片叶子用手轻轻一碰，便像害羞的小姑娘一般挡住了那美丽的脸庞。

我情不自禁地坐在草丛中，突然，身旁蹦出了那可爱的小精灵——蚂蚱。我用手轻轻抓住它，把它捧在手心里。它竟然也不害怕，我看着它的小眼睛，与它四目相对的一刹那，我已经融入大自然中……

秋姑娘送走了炎热的夏天，她迈着轻盈的步伐来到我们身边。我已经无法用语言来形容这美丽的秋天了。

希望是擦去烦恼的橡皮

我和冬天有个约会

叶重月

一年有四个季节，每一个季节都是不同的，每一个季节都是多彩的，但冬除外。因为人们多喜欢桃红柳绿的春天、骄阳似火的夏天、果实累累的秋天，却很少有人喜欢"死气沉沉"的冬天。因为她太单调，太无味，除了一片白雪皑皑，几乎没有其他的颜色。而我却无可救药地爱上了这个"单调"的冬季。

每当冬姑娘迈着沉重的步伐，缓缓地走来时，我们首先感到的就是这位冰山美人的冷。

小草、大树也不懂得欣赏她的美，但是松柏懂得，在茫茫大雪里依然那么挺拔苍翠，因为他知道当雪花飘落到自己身上时将是一幅多么美的"青松迎雪图"。

大雁、松鼠不懂得欣赏她的美，但是雪豹懂得她的美，就算是北风习习，他们也毫不躲闪，因为他们知道自己的毛皮与纯洁的雪花相映衬是多么高贵。

别人不懂得欣赏她的美，但是，我懂得！到了冬天，我最爱漫步在飘雪的田野里，静静地凝视着雪花一点点地给麦田铺上一层厚厚的棉被。其实冬天并不是一无是处的，她将会用雪把大地盖得暖暖的，使泥土下那一个个小生命得到温暖的保护，待到第二年的春天，再次萌发出许许多多新的生命。

然而谁又看得见呢？谁又懂得欣赏呢？因为她的"罪过"盖住了她的功劳，使她长久以来饱受了流言蜚语。就算是这样，冬也无怨无悔，依然为庄稼、为人类、为生命做着那一份巨大却不被人察觉和重视的工作，她为人们保护了多少脆弱的小生命？但雨后春笋、嫩芽都富有朝气地长起来时，人们都把这归功于春，可是谁又去感谢和赞美冬呢？

冬，是一个冰冷彻底又优雅无比的字眼儿。

冬啊，亲爱的冬啊！你的美也许无人在意，你的雅也许无人鉴赏，但我依然等待着，等待着那与你的美好的约会……

希望是擦去烦恼的橡皮

爱在大自然

马 芸

你是否曾留意，有这样一片树叶，在日出时悄悄生长着。

你是否曾发现，有这样一只自由的小鸟，在蓝天下尽情地欢唱。

你又是否曾体会到，如果我们恶意去破坏这些可爱的生灵，我们的生命里便会失去一片新绿、一声轻鸣。不过，相信我们这群充满朝气的新枝，会去呵护自己的大自然母亲的。如今，那最温暖、最舒适的季节已经来到了。我想这也可能是自然母亲最喜欢的季节了。她从睡梦中迷迷糊糊地睁开了双眼。你看，无论是田野间，还是池塘边都有她那轻快的身影。站在高高的土坡上遥遥望去，田野上成片成片金灿灿的油菜花，开得那么灿烂、那么美丽。再来，我们把目光转到青青小河边，那垂下的杨柳枝已换上了嫩绿的礼服，和着春风一起舞蹈。想必那一定是献给自然妈妈的最好的礼物吧。

现在，让我们闭上眼睛，静静地躺在草坪上，呼吸着带有花香的空气，畅想着美丽大自然的风景；是的，我们还听到依偎在树枝头的鸟儿们叽叽喳喳地发出清脆叫声。这些不也是大自然带给我们的吗?

柔和的风儿轻轻吹开我们的眼皮，这时，让我们再来仔细望一望，蓝蓝的天，白白的云，是否感觉到大自然就在我们身边，像妈妈一样呵护着我们。我们一起探秘幽险山谷，去拜访那些小动物们的快乐天堂；我们一起畅游清澈的海水，看各种鱼儿和睦共处。

你也许从未发现，大自然给予我们的种种美好；也许你从来没有意识到，在自然灾害降临的时候，是那些动物给人类警示，是那些植物帮人们渡过难关。

让我们好好爱护大自然吧。

希望是擦去烦恼的橡皮

2016 年的第一场雪

王禹萱

我喜欢春天的绵绵细雨，生机勃勃；喜欢夏天的天高云淡，烈日炎炎；喜欢秋天的一片金黄，硕果累累；但我更喜欢冬天的冰清玉洁，白雪茫茫。

2016年的第一场大雪，洁白晶莹。白茫茫的一片，像用鹅毛铺成的白地毯。

我站在窗前看楼下。楼下的亭子去哪儿啦？楼下的小灌木丛去哪儿啦？楼下的假山去哪儿啦？被茫茫的白雪覆盖住了。继续眺望远方，只有一座座高低不平、形态各异的"雪峰"。美妙极啦！地上的雪化成了水，水又因为足够的低温，凝结成了冰，厚厚的冰铺在地面上，上面还夹杂着一些白雪，走在上面滑滑的，一不留神就会滑倒，所以冰面上出现了一条条像藤蔓一般的裂缝。青翠挺拔的青松上缀满了洁白耀眼的雪花。当树上的积雪随风飘落时，就仿佛一位身穿洁白舞裙的小精灵在空中翩翩起舞。如果树梢上挂满一些小礼物，树干下堆放着各种各样的大礼包，树顶再加上一颗闪烁的大星星，那么它就是一棵所有小朋友都喜爱的圣诞树了，此时我的思绪已经飘到了圣诞节！

走进公园，那条曲折的水泥路像铺上了厚厚的白地毯，那么纯洁，那么晶莹，真叫人不忍心把脚踩上去。路两旁矗立着两排挺拔的水杉，宛如站得整整齐齐，披着白斗篷的卫士，守护着公园。

我情不自禁地伸出手，雪花恰似一个个"小伞兵"，跳到了我的手心里。它们好像一片片六边形的花瓣儿，还没等我欣赏完，就消失得无影无踪，化成了一滴滴晶莹的小水珠，在我的手心里不停地眨着眼睛。

突然，一阵银铃般的欢笑声打破了这世界的安静。我往远处一看，原来是几个孩子在雪地里玩耍呢！他们你追我赶，有的在打雪仗，有的在堆雪人，玩得热火朝天。他们穿着艳丽的棉衣，像朵朵浮动的鲜花，将公园点缀得更加美丽动人。我情不自禁地跑了过去，加入他们的玩耍队伍。

我喜欢冬天茫茫的白雪，更喜爱2016年的第一场大雪。

我和冬天有个约会

希望是擦去烦恼的橡皮

冬天里的温暖

王 雨

有人说，冬天是寒风刺骨的；有人说，冬天是白雪茫茫的；还有人说冬天是千里冰封的；而我却说冬天是温暖如初的。

依稀记得去年冬天，我去叔叔家玩，偶然间看到了叔叔家的园子里种了许多梅树和吊兰，但可惜的是梅花都呈花苞状，只留吊兰在那里，颜色未免显得有些单调，但冬天能冒出一团新绿来已经实属不易了。

过了几天，我又来到了叔叔的园子，只见吊兰还是那样的生机勃勃，但比这更为壮观的是那梅树上绽放的梅花，梅花树虽然不多，却胜在一个"美"字。

白梅如雪，若不细看，或许真看不见它，好像与天地融为了一体。红梅似火，原本盛开得如火如荼的红梅，在白雪的映衬下竟显得如此冰清玉洁，装点着周围白雪皑皑的一切，使一切都充满了生机，洋溢着喜庆。即便是离着数米远的距离，我也能闻到梅花扑鼻的芳香，周围的一切美得好似人间仙境。原本寒冬般的景色，竟因这一树树灼目的梅花而显得暖过春天。看到这些梅花会让人觉得，即使冬天再寒冷，春天也将近了，让人不由得感到一种温暖和希望。正因如此，梅花的美好，不只在于它的美，也不只在于它的香，更在于它在严寒中仍傲立枝头的品质和心性，还有它能在严寒中给人带来的温暖，它将自己的美好都绽放到了极致。于是我踏一路白雪，闻一路花香向园子中央走去。

我来到园子的中央，看着一朵朵梅花就像一个个活泼可爱的精灵，一阵寒风吹来，竟让人感觉不到寒冷。梅树弯了弯腰，各个"精灵"也跟着跳起了舞蹈，看起来又像是蝴蝶在翩翩起舞，任树上的花瓣轻轻落到我的身上，就像一个个顽皮的孩童。

我伸手小心翼翼地摘了一朵梅花，生怕一不小心就会打扰到它。梅花花瓣润泽透明，摸起来很平滑，被花瓣层层叠叠包裹起来的是中间那嫩黄色的花蕊。

冬天，它没有春天的绚丽多彩，没有夏天的出水芙蓉，也没有秋天的金桂飘香，却因这雪中的梅花显得生机勃勃、温暖如初。

希望是擦去烦恼的橡皮

窗 外

许文涵

这天空，真是位优柔寡断的女孩儿！黑色的轻纱蒙住了她哭泣的面庞，她却依然洒下了几颗晶莹的泪珠儿在人间。女孩儿是该多忧伤呀？连着嚎泣了几天，即使不再哭泣，也不愿意揭开面纱是吗？

而凡间啊，树儿却摇晃着身体，树叶儿跳着舞，一会儿转个圈儿，一会儿翻个身，左一摇右一晃，舞姿夏然停止，落在了地上；几处水洼上偶尔覆了片叶儿，不知怎的就游起了泳，漂在水面上，好不惬意！

人行道上，被扫成一堆的可怜落叶一下铺展开，成了毯，走在上面，却意外地没有听到碎裂声，反而软塌塌的，吐出点儿水。

花坛子里，几朵将要枯败的月季，脸蛋儿上沾着几滴晶亮透明的水珠儿——是哭了吗？还是女神的泪儿？

门前，一大摊子水——这是哪儿冒出来的地泉？隔壁家的狗兴奋地冲出去，淋着满身的水回来，可真像个落汤"鸡"！楼上的小丫头兴奋地跑到水摊子里，乱踩一通，绽开的水花儿飞到了空中，绽放一瞬，随即又枯萎，丫头却一点儿也没察觉到花的凋谢，笑声传遍；嘀！她妈妈来喽！揪着她的耳朵，愣把她拎上了楼，哭声传遍。

家中窗旁的百合花苞，还是老样子，没有一点儿要绽开的意思，耷拉着脑袋，苦着个脸儿，抱怨道："天气怎就这么冷呢！"

哟！可不妙，女神说哭就哭，没一点儿预示，几个人在奔跑，哗哗的水，冲了他们一身；对面人家收了衣裳，关了窗，天地间真是没一丝色彩，黯然了；马路上，干净了，一辆洒水车无奈地停在一边上，越来越多七色的花开放了，弹走了可爱的小水珠儿……

我在窗内看着这一切的发生，嘴角弯弯一道……

我和冬天有个约会

希望是擦去烦恼的橡皮

草木有本心

丘锦程

喜欢上栀子花还是因为妈妈喜欢一位叫丁立梅的作家。每一种暗香都有它独特的魅力，丁立梅怀着一颗对草木、对花果的喜爱之心，发现了一种独特的香——栀子花香。

栀子花极易生长。正如文中所说：栀子花"无须特别管理，只需一杯泥土，就长得枝叶葱茏了"。我也喜欢栀子花，倒不只是因为它的花香。栀子花的花期很奇特，不是在百花盛开的春天，也不是与梅花争艳的冬天，而是在烈日炎炎的夏日，与阳光对视。栀子花就是这样一直默默地立在强烈的阳光下，散发着清香，把空气染得清新，给路人留下一片淡雅和舒适。而它自己却忍受着烈日的煎熬，让暑气侵蚀着自己柔弱的身体，从不退却，因为它骨子里藏着不服输的坚持。这样的性格是我喜欢它的原因之一。

栀子花芬芳自然而不张扬，却依然沁人心脾，正如作家丁立梅所言："这就是栀子花，香不惊人死不休的。"栀子花在炎炎夏日里顶着阳光，却丝毫不受阳光的影响，纵然在芬芳的花季也仍然保持着那份原有的平淡与素养。

白色的栀子花无论枝头吐芳，还是落地成泥，都一概素素淡淡，如白玉无瑕。我为之惊诧，尤其是那暗香若有似无，不经意间如影随身，四处弥散。

栀子花的形态令人心旷神怡，栀子花的香气令人神清气爽，栀子花的生命力让人不禁赞叹，栀子花的一切都是那么可歌可泣。

平淡无奇的栀子花，却是花中君子。

一花一世界。不只是花，雨也会唱歌，树也会舞蹈，草也会欢笑。尘世万物都值得我们尊敬，我们降临于这个世界上，何不像那绽放于盛夏光年的栀子花那样，守住本心，感念生命。

希望是擦去烦恼的橡皮

美丽的海棠花

燕亚丽

今天我去了公园，看到了美丽的海棠花……

我从远处看，盛开在绿叶之中的海棠花，颜色非常鲜艳，就像一团团燃烧着的火焰，与绿叶形成了鲜明的对比。

我走近看才发现，原来海棠花的花朵是由许多小花朵组成的。每一朵小花都像一滴红色的小水珠，散发着香甜的气息。

完全开放的海棠花颜色火红，就像孩子们的笑脸，它们笑得可真甜啊；即将开放的海棠花刚刚绽开了一两片花瓣，就像是一个个小号角，我仿佛听到远处传来嘟嘟嘟的号角声；还未开放的海棠花则被绿萼环抱着，就像一个绿色的酒杯中盛满了深红色的葡萄酒，我真想端起来品尝一下它的美味……

如果说海棠花像一个美丽的少女，那么海棠花的叶子就像是它的衣服。可能与阳光的不均匀照射有关吧，圆圆的绿叶前端是深绿色的，后面则是浅绿色的；细细的叶脉均匀分布，与叶边一圈小锯齿组合起来，形成了这件绿衣的特殊花纹；最神奇的是，叶子上面还有一层细细的绒毛，就像是用来"保暖"的，非常可爱。

支撑海棠花的花茎有的比较纤细，有的比较粗壮。纤细的花茎像姑娘柔软的腰肢，粗壮的花茎则像一个真正的男子汉挺拔的身躯。

如果让海棠花去参加选美比赛，海棠花绝对是第一名！

我爱这棵美丽的海棠，因为它装扮了我们的公园，美化了我们的生活……

希望是擦去烦恼的橡皮

淡淡的日子也飘香

张 晶

不过是一个平淡无奇的清晨，空气中也弥漫着香气，这是春天的味道吧。

随手抓一把空气一捏，淡淡的香气便从指缝间溢出。

我下楼，转个弯，看到了一片花圃。上千的小花挤挤挨挨，这儿一团，那儿一簇，娇羞地眯着眼，摆出大大的笑容，在晕晕的雾气中显得不真切。墙角一株春梅未开，小小的花朵儿坐在枝头，优哉游哉地等待最好的开花时机。

我向卖早点的小摊走去，突然一个小女孩儿从拐角冲出，撞得我直后退，女孩儿一下子跌倒在地。我有些恼火说："大清早的，瞎跑什么！这么不小心。"小女孩儿爬起来，拍拍身上的小棉裙，眨眨眼，笑着说："给妈妈买早餐呢，姐姐，给你一颗糖，甜甜你的心。"说完又跑了。

哦，对，那孩子不是楼下的阿玲吗？她妈妈卧床不起，生了重病，阿玲爸爸在外打工却赚不了几个钱，只有阿玲照顾妈妈。

"倒是个孝顺的孩子。"我的恼火不经意间散去，胸怀被悄悄地打开了。拆开棒棒糖的包装，水果味儿一下子钻进了鼻腔，真香。我含着糖，走向卖煎饼的小摊。

如往常一样，大婶塞给我煎饼，我的鼻子贪婪地吸着煎饼的香。这种田野的味道，每天清晨，都融在空气中，缭绕在路人的鼻子下，让人忍不住赞一句："真香！"

我才发现，不一定是花朵才飘香，不一定家家户户包饺子的日子才飘香。你闻，在这淡淡的日子里，花香、水果香、煎饼香在阳光中发酵，慢慢融在空气中，闻一闻，不也是四处飘香吗？

原来，淡淡的日子也飘香。

希望是擦去烦恼的橡皮

那 时 花 开

章 宇

春天的杏花如云，夏天的鸡冠花似火，秋天的菊花若月。那冬天呢？百花凋零，似乎没有生机。可你瞧！那一株株挺立在寒风中的梅花同样美不胜收。

那时花开，正是怒放之际，我们家自然也少不了梅花的身影。她们的品种、颜色各不相同，各有各的特色。"西湖柳月"端庄美丽，"贵妃醉酒"高贵柔美，"白鹰雄立"更是光彩照人……几株梅花，不禁让人浮想联翩。

那时花开，家里虽只有几株，公园里、广场上却有几十株、几百株，她们肩并肩，你挨着我，我挤着你，清丽优雅。放眼望去，难道不像一片白羽编织成的绸缎，或是一幅精美的《冬梅图》？

那时花开，因为家里有了几株梅花，多了一道亮丽的风景。在众多"佳丽"中，唯蜡梅最深得人心。她被排列在最拐角处，虽然这个位置不起眼，却也掩盖不了蜡梅独有的那份清丽。单单看一片花瓣，纤薄纤细，让人感觉弱不禁风。

花儿一定会开

章 瑜

晨光下，那花依偎在母亲的怀抱中，开了。

从我记事开始，母亲便喜欢栽弄花草，家中摆满了各式各样的花草，有的说得上名字，有的还不知道姓甚名谁。

一家人郊游回来的那天，母亲带回了一株不知名的野花。那花的模样就像奄奄一息的病人，我想它是开不出花来的。

可母亲偏不信，给它浇水、施肥，不停地忙碌着，甚至有时候还和它说话，为的只是希望它能快点活过来。但几个月下来，那花丝毫没有起色，依旧那么瘦弱，仿佛风一吹，便能倒下。

这天，我气冲冲地放学回家，看见母亲还在给它浇水，一下子我便爆发了。"我昨天不是让你给我试卷签字的吗？怎么是空白的？""啊，对不起啊，妈妈忙着给这株花换盆，忘记签了。""你天天就知道照顾花花草草，再说，我都说过了它是不会开花的，你非不信。"妈妈低着头默不作声。

晚上，雨下得很大，感觉世界末日快来了。

一大早，妈妈便起来了，原来是昨晚阳台窗户没关。我想昨晚雨下得那么大，它早就被冲垮了，或许，也已经开花了，但我知道这种可能性微乎其微。

我走向阳台，那里没有印象里病恹恹的花草，映入眼里的正是张开花瓣呼吸着晨间流动空气的紫色小花。那盆野花竟在风雨中全开了，那一瞬间，我看见野花的生命的力量。母亲笑了，从未见母亲笑得如此美丽，母亲看着这盆花，眼角的泪珠不停地闪烁着。

一夜雨后，太阳升起，照耀着母亲和这株花。

母亲轻声说道："你终于开花了，我知道你一定会开的，一定会的。"

"向着微笑"的花——樱花

许文涵

翻开画册，里面是自己临摹的一些作品。我无心翻看着，突然，从画册里，掉出一张图片，仔细一瞧，原来是四年级时候画的一幅樱花图。

这张图片中，最显眼的是图中央刺眼的白色亮球——太阳，它悬挂在天空正中。天，是湛蓝湛蓝的，仿佛一张一尘不染的蓝色绸布，看上去是那么柔软。樱花树从左边伸出树枝，每条枝上都开满了淡粉色的樱花。放眼望去，是一大片粉色的"圆形海洋"。几朵纯白的云朵则被挂在太阳的周围，稀稀疏疏，总的来说，还是养眼的蓝色为主色调。

我看得入了神，不经意间，想起了樱花的花语——生命。

是的，生命。三四月时，大多数地区仍被寒冷包围，在这段时间里，连人都要搓手取暖。而，正是在这段时间里，樱花，却悄悄地绽放。如今，三四月的气候都使人感到冷，更别提花朵了。可樱花，却不畏寒冷，以顽强的生命在风中绽放美丽动人的笑脸；不论天气多冷，不论环境多恶劣，樱花，总是用自己粉色的生命，装点世界，让人们在这冬末春初的季节里，感到眼前一亮。

我的思绪，渐渐飞入了樱花的世界。恍惚间，耳边仿佛想起了一段旋律："在风中颤抖坚强美丽的花，越过冬天还会再次地绽放。"

我只觉着这旋律如此之熟悉，细细一想，原来这是《化作樱花树》的歌词。

我轻轻吟唱这首歌，带着憧憬的心情感受这每一句歌词和每一个音符。柔曼的旋律，轻轻拂过我的心；一段段歌词，在我眼前描绘了一幅画，画中的樱花，透着淡淡的粉色，一阵阵风时不时吹来，看似脆弱、仿佛一触就散的樱花，在风中坚强地挺立在枝头。

樱花，是坚强的化身，它有着旺盛的生命力。虽只有短短四至十天的花期，可它们，仍然用生命之笔，写下了两个美好的寓意：

坚强，生命。

留一点儿耐心给自己

赵 晨

"哎哟！不做了！"

是的，我又在做那该死的题目。读完那一大段的题目，已经让我没有一点儿的头绪，我烦躁地将笔扔在桌上，发出了沉重的一声。但又必须做完，我拿起那张已画得破破烂烂的题集，又扫了两遍题目，那些方法、概念像是一团乱麻将我死死捆住。厨房里又发了那扰人的炒菜声，让我本已混沌的心，再次烦躁起来。我又瞥一眼那题目，脑袋还是一片空白，索性将题集放下，望着窗外，戴上耳机……

夜幕已快降临，天空呈一片深蓝色，鸟儿成群结队地归巢，享受黑夜的魅力；劳累的人们忙完一天的工作，回到家中，享受家的温暖；几个幼童在小区中玩着没有名字的游戏。窗外，树叶被微风轻轻拂过，我打开窗，让那风也平静我的心。过了一会儿，夜幕真的来临，带来的是更加的寂静。夜空中闪现了几颗星，我目不转睛地看着它们，耳机中正在放逃跑计划的《夜空中最亮的星》。歌词与现实融为了一体，让我陷入了沉思……

只为一道难题，就使我这般烦躁，我是不是应该平静些、耐心点。也许再耐心些，就能找到一点点头绪，我为什么不能再耐心一点儿呢！想到这里将窗户关上，将耳机摘下，我坐回写字桌前，捡起笔，拿起那张题集，将它轻轻抚平，也抚平自己的心。我再次耐心地看题，从里面找出线索，再结合所学过的知识，耐心地想，想不出，再耐心地看上一遍……

这个周六的夜晚，我想，我要留一点儿耐心给自己。

留一点儿希望给自己

陈心怡

成长的道路上，总有风风雨雨在等待着你，我们渴望成功，却又不得不接受失败；我们幻想美好的未来，却又不得不接受残酷的现实。在一次次打击的背后，我们却又不得不鼓足勇气继续前进，去努力追寻着自己的梦。但，有时我们却又不禁觉得希望似乎在远去，永远捕捉不到它的尽头。

希望，似是如此的渺茫，怎么也看不到，也抓不住……

一阵轻快的铃声响过，下课了。我静静地坐在教室里，而手里却握着笔马不停蹄地赶着作业。似是许久，我感到一丝疲倦，不禁往窗外看去。才发觉明媚的阳光下，一切是如此的美好，梦幻。室外的一切都犹如点缀着颗颗金色的光点，不停地在蓝天下闪耀着，树枝在微风徐徐中高昂起枝头，展现它绿色的光彩。哦！我知道在这不知不觉的暖风中，春天到了。

时间却不曾停止过，放学了。我推着自行车走在马路边，心里却还回想着事情：啊，快升年级了，测试也多了起来，可想起去年的成绩，让我内心泛起一丝苦涩。如果，如果再这样下去……没有勇气接着想下去，但我却清楚地知道自己早已没有多大的信心。我不经意间抬起头，内心闪过一丝惊讶，学校的马路旁何时开得这样淡雅沁人的花，连空气中都渗透着令人释然的花香。在远处望来，棵棵大树似是层叠在一起，错落有致。哦！我知道在这素雅的花香中，春天来了！

我脑海里又回荡着校园里大树的身影，那抹盎然的绿色盛开在心头，又一个春天来了，一切都是给人以希望的绿色。空气中，似乎遍布着更浓郁的春天的气息，我的内心更是一片起伏，思绪却早已飘飞……

鸟儿在枝头歌唱，雄鹰展翅在空中飞翔，花儿在草间绽放。又是一年春来到，又是一个新起点，又是一个新希望。我坚信，留一点儿希望给自己，我们将会再次畅游在学习的海洋，翱翔在知识的蓝天！

留一点儿梦想给自己

杨紫璇

"唉！又没有跳过。"望着眼前那一道白线，我都不知说啥好。

入春了，阳光就像一本书，悄然无声地被春天打开了。今日，暖风裹着骄阳的热量来到我们身边，原本那应充满生机的草儿却不知为何蔫了下来，总显得无精打采的。正如此时的我一样。

刚刚上了一节体育课。我现已五年级了，各方面都像个大孩子了。我是一个体形胖的人，体育课每次都是我的一道坎儿，真心希望学校取消体育课啊。

记得上学期，那个成绩可真算让我"丢脸"的。听说今天体育课要测试，我自然不开心。但无奈，我也只好去上。下楼后，一股热风袭来，吹得叶子沙沙地抖，同时也吹得心里咚咚地跳。

一开始，老师说先不跳了，这不禁让我高兴起来。但可谓"好景不长"，我们最后还是要跳的。

"走吧！他们都集合了。"一位同学已经在催我了。语落，我的心也随之而落。我跳下双杠，我的腿就像绑了铅块一样，只好拖着前进。

"厉害！"看他们跳得那么轻松，我不禁也发出一声赞叹，同时又略带羡慕之意。

"哈哈哈哈！"有些同学正因有人没跳过在"放肆"地笑呢。这正是我最不想听到的。

终究还是轮到我了，我的心跳得更快了。我用自认为最有力的一跳去跳，可事实就是如此残酷，我还是失败了。但我并没有听到那所谓的"嘲讽之声"。无意间，我瞥见角落里的几株小草，它们正顽强地生长着，好像在鼓励我。看到这儿，我的心情也渐渐平缓了下来，我看了看距离，发现比上次远了不少。

"对！"正是因为上次失败之后，我没有放弃，才获得了这一丝失败中的进步。我那时对自己说过："给自己留一点儿梦想！并为之而奋斗！"而今天，我依旧会留一点儿梦想给自己。我相信在我不断地锻炼之后，别人能做到的，我一定也能做到！

梦想，努力了才叫理想，放弃了那只叫妄想。失败时，留一点儿梦想，你会发现，前方的道路何其宽广。"是吧！"我望着那嫩绿的草儿说，"你明年还会在这陪我，与我一起来追逐那给我自己留的梦想的吧！"

"一定！"

留一点儿责任给自己

陶 洁

我们的父母有着养育我们的责任，老师有着教育我们的责任，社会各行人士有形形色色的责任，我想说，留一点儿责任给自己。

或许，我的责任不那么重大，但是它总在这个庞大的世界上起着小小的作用，这就够了。

敬老院，一个需要关爱而又恰恰缺乏爱的地方。老人们会孤独，会渴望孩子们来看看他们，不需要贵重的礼物，一句问候早已使他们心中暖和起来，像阳光般美好。

我清晰地记得，一个头发花白、挂着拐杖的老太太戴上了她许久没戴的老花镜，迈着姗姗的步伐，一串清脆的嗒嗒声有规律地传来。她的眼中是什么？是急切的希望和难以言说的喜悦，她握住我的手，笑着，凝视着我，久久没有移开视线。

那一刻，我呆住了，她的目光中有一丝淡淡的忧愁，可很快变得慈祥、温和以及掩盖不了的欢乐，我知道，这是因为我的到来。

我还以笑容和亲切的问候，告慰她心底对儿女的爱与思念，倾听她以前的往事，了解老人们的孤单与辛酸。

老人深情地说："孩子，你长得真像我的小女儿，我女儿小时候也像你一般贴心，也会问我那些个问题，同你一样可爱。现在她在上海有个好工作，过年过节也会把我老婆子接过去，可孝顺了。"老人一边说一边喜上眉梢，眼睛也好似在笑，皱纹一下少了一大半。我知道，她很幸福，我也很幸福。

我不奢望我去这一趟会改变什么，但只要我可以带给这些老人短暂的快乐，我就已经很高兴也很满足了。

一定要留一点儿责任给自己，那样，生活才会有其意义，生命才会充满欢乐。

童年小趣

希望是擦去烦恼的橡皮

春节扫雪

熊新燕

春节，是一副副红红的对联，是一声声响亮的爆竹声，是一张张盈盈的笑颜……而今年的春节，更是一件件美好的事，一颗颗火热的心！

清晨，我照旧去向父母问好，去要那期盼已久的压岁钱。不经意间，惺忪的睡眼瞥向窗外：苍茫的天宇撒下片片花瓣，似乎还带着淡淡的幽香。雪悠悠地飘着，天地间早已纯净无瑕，只剩下茫茫的白。

温暖的春雪没有一丝寒意，悠然的雪花反而给这喧闹的新春带来了一种诗意的宁静。我伫立良久，想要和雪花一起飞舞，可迈出的脚却又不禁收了回来，恍惚间，似乎有了黛玉"手把花锄出绣帘，忍踏落花来复去"的心情。

天渐渐更亮了，男女老少都纷纷出来拜年了。我一下子便从仙境回到了人间。

忽然，发现了一块"新大陆"，隔壁门口还是雪白一片，厚厚的积雪如毛衣般遮住了地面。噢，他们家去上海了，家里只有一位八旬的老奶奶。我猛然想起，一个念头立刻蹦出脑海。嗯，那就去干吧。

我拿着工具就去了。但雪还在下着，刚扫完没多久又堆了一层。这回我对待起这些冰清玉洁的雪来可是毫不手软。家门口扫完了去隔壁扫，隔壁扫完了去家门口扫……反反复复乐此不疲。

可是，还有许多没人扫的地方怎么办？天冷，路又滑，万一……我正皱眉想时，爸爸妈妈回来了，活脱脱一对雪人。

"为什么一大早就不见人影，现在才回来！"我有些不满，"你们到处乱逛，害我扫这么辛苦。"爸爸愣了一下说："这大过年的，我们还真是瞎转悠，本来打算去桥上扫雪的，但发现好多人都在扫，连转了几处也没轮着，还弄得一身是雪。"

啊，原来是这样，先前的恼意如落入我手中的雪花，转瞬即逝。

唉，大过年的都出去扫雪，而且还用"抢"着扫？我望着调皮的、漫天飞舞的雪花，心里不禁乐开了花：大家都在扫雪，早晚能把大家"扫"在一起，把全国人民的心"扫"在一块儿！

雪小了，对联红了，爆竹响了，大家都笑了。

童年小趣

希望是擦去烦恼的橡皮

呵护我们的美丽

王子卉

美丽是需要维护的。

我家旁边有一个小小的花园。这花园虽小，但一年四季都会溢出淡淡的香。毫无疑问，这个美丽的花园成了小区居民晨练的首选场所。每天清晨，老人在这里打太极，年轻人在这里慢跑，小孩子则在这儿细细地品味花香。还有一些人，边晨练，边遛宠物狗，到处都洋溢着活力与欢笑。

对于花园的美景，人自然是小心翼翼地珍惜、呵护，但宠物不懂得。于是，常常出现这样的情景：一只宠物狗发现了一只翩翩起舞的美丽蝴蝶，便趁主人不注意，向蝴蝶发起"进攻"。而在宠物追蝴蝶时，无意中便踏上草坪。或许会踏坏一片草，也或许会折断一朵美丽的花。久而久之，草坪上便被宠物们"创造"出一条条杂乱无章的路来。

然而不知从哪一天起，我看不到这样的景象了，问了邻人才知道，每天早晨都会有几个年轻人到花园里，身上披着"美丽南京你我他"的绶带，专门替那些来晨练的人看管宠物狗，防止那草坪里的和谐再被破坏。

下次再去花园时，我专门去了那些年轻人看管宠物的地方。年轻人看着那群宠物和草坪，有说有笑，在阳光的照射下，如同镶着一条金色的花边，美丽、帅气、大方、活泼，尽显南京之风采。我去问年轻人为什么这样做，一个大姐姐说："这样，草坪就可以像原来一样美丽啦！"她说的时候，语气恬静优雅，仿佛做了一件理所当然的事情。

感动！草坪的美丽需要维护，远不止这些，内心的美丽更需要维护，我们在举手投足间处处讲文明，懂礼貌，聚小美而成大美，城市便会因此而更加美丽。

呵护美丽，美在细节里，美在举手投足间。

希望是擦去烦恼的橡皮

想给你种一片森林

雍文轩

我已经记不得是多少次看见你了，你和你的同伴盘旋在街道的上方，偶尔停留在街边的电线杆上休息。是啊，这城市连让你休息的地方都没有了，只能让你在电线杆上停留。哦，我相信你一定很想念你曾经居住的森林吧，如果给我一次机会，我一定要给你种一片森林，让你快快乐乐地生活在那里……

今天下午我又看见了你，与往常不同的是你没有和你的同伴盘旋在空中，而是焦急地在路边东张西望，你的身边有一团黑黑的东西。我走过去一瞧，原来在你身边的是你死了的同伴，它的血流了很多，隐隐约约能看见黑色的羽毛上有着车轮的印子，再一看马路中间有着一些血迹，我知道了你的同伴是被这无情的车辆夺去了生命。如果给我一次机会，我一定要给你种一片森林，让你远离那世间的恐怖，自由生活在森林中，让你在森林中做一个快乐精灵……

今天我在梦中又见到了你，我在梦里为你种了一片森林，你与你的同伴在森林里自由飞行，没有车辆，没有污染，没有杀戮，你们生活得自由快乐安宁。我从梦中醒来想为你种一片森林，就像梦里那样，让你变成快乐精灵，让你在没有纷扰的世界里生活下去……

明天会怎样，我应该还会遇见你吧。明天我要在我家门前种一棵树，每天给它浇水施肥，让它长成参天大树，到时候再把你接来这里，让你住在这里生儿育女；我再去给你种一片森林，让你和你的儿女住进那片森林，在那里面做一个快乐精灵……

我想给你种一片森林……

希望是擦去烦恼的橡皮

童年小趣

王雨薇

童年里发生的有趣的事情很多，给我印象最深的那件事如今想来还是忍俊不禁，直到现在看见我家的小猫咪时，我总会捂住嘴，偷偷笑几声。

暑假的一天，我在家闲得没事干，便和蹲在墙角的小猫咪玩耍。玩着玩着。我脑子突然蹦出一个大胆的想法：现在的人都流行染发，猫应该也可以。

我找出我的绘画工具箱，拿出"染发"工具，便向猫咪走过去。猫咪看着我走过来，抬着头，歪着脑袋，惹人怜的小眼睛不明所以地看着我。我抱起它，把它放在椅子上，可它叫了一声，跳下椅子，又趴到地下。怎么办呀，待会它一动，我的杰作不就坏了吗？我又把猫咪抓过来，抱上椅子，用一根绳子绑在椅子上。猫咪好像受了很大的委屈，一直叫个不停。我摆出一副严肃的样子说："别乱动，苦尽甘来，现在受点苦，以后所有的猫都羡慕你的。平时妈妈就这样教我的。"

该怎么染呢？对了，先把猫耳朵染成绿色，看起来很舒服，大方得体，然后我又把猫头中间的那一簇毛染成黑色。我心里想：这样显得很有个性，跟得上猫时代的潮流。唉，还有翘得很高的尾巴，也许是它迫不及待吧。我就用刷子把尾巴刷成粉红色，这可是淑女的颜色。最后我把它的身体染成"天女散花"，我的作品真是天下无双啊。

我正沾沾自喜，妈妈回来了。她看了我的作品又好气又好笑，我对妈妈说："这可是世界上最漂亮的猫呀。"妈妈笑着刮了我鼻子一下。

希望是擦去烦恼的橡皮

难忘我的小伙伴

张浩泽

窗外，又是秋。每每到秋天，我都忍不住想起故乡林荫道上童年的情景。

几年前的故乡，还只是个小城，从南到北或许还没有南京的中山路长。因此，自行车是最好的工具。

每当幼儿园放学后，我坐在母亲的车后座上，看着自行车在林荫道上行驶着，秋风将落叶带到地上。童年的我，盼望着像母亲一样，骑着自行车，穿过大街小巷。今天想起来，那确实很可笑。

十岁那年，我终于能骑着自行车上路了！尽管自行车对当时身高不到一米六的我来说有一些庞大，但这算不了什么！整整一个暑假，我都在钻研着自行车。无论是家人、邻居还是朋友，都用两个字"车迷"来形容我。

不过，这都无所谓。刚刚五年级的时候，我骑着自行车穿过大街小巷，去上学、去书店。那辆米黄色的自行车就这样陪伴了我整整一年，在这一年中，它目睹了我的喜、怒、哀、乐，它也是我成长中的一部分。

最难忘的还是那一个星期五，到我打扫卫生又恰逢卫生大扫除。结束时，已有五点多钟了，我推着车子慢慢地向校园外走去。刚出校园门，我发现公交车站旁有一个熟悉的身影，走近一看，哈，原来是邻居家的朋友。"你怎么还不回家？""今天前面修路，公交车改道了，我正愁着怎么回家呢。""那怎么办呢？要不你坐在这儿，尽管有点难受，我骑慢一点儿，应该没什么问题。""哦，那太好了！"夕阳下面，两个孩子，一辆自行车，在大街上慢慢地前进，二十分钟的路程今天骑了半个小时。好了，到家了，将车锁好，我们俩一起上了电梯。"今天多亏了你，要不我还在公交车站等呢！"邻居说。"没事的！"我心里乐滋滋地回到了家。方便了别人，也快乐了自己，有它，真好！

直到今年暑假，我将它擦拭干净，抚摸着我的小伙伴，我不舍地用那熟悉的锁，把它拴在车库里，盖上了布，然后我离开了故乡。

坐在南大的长廊上，落叶正随着秋风在空中舞动，我闭上了眼，仿佛又回到故乡，仿佛又回到了那条林荫道，仿佛又回到了童年。

在成长的相册中，曾经有一辆自行车陪伴着我。

希望是擦去烦恼的橡皮

永远温和的你

李万田

我想写写我的丁老师，可是我的文笔太稚嫩了，然而我还是想写写他。

已过而立之年的老师，总是静观人事的变迁，一副茶色眼镜隐去了所有的喜怒哀乐。他平静如水的脸上偶尔泛起细小的涟漪——一声"老师好"后报以的微笑。

老师总是静静地走进教室，轻轻地关上门，默默地绕教室一周，而后走出去站在走廊上。他似像一潭平静的水，又如一尊慢慢移动的雕像。他凝视着远方，是在思考问题？是在展望未来？还是在感慨曾经的往事？

在我印象中，老师从来没有用粉笔砸过我们，从来没有拍过桌子，顶多说句："你的卷子没写完，我给你几天时间了？"

老师的记性很好，他记得住你上次考试进步了几名，记得住你为班级又拿了什么奖状；老师的记性也很坏，他记不住你打破了玻璃，记不住你忘记了扫地……学生的一点点进步他都看在眼里喜在心头；我们的过错融进他大海一样的胸怀，化作股股清泉冷却你发烧的大脑："记住，下次别这样了，做事情要考虑后果，要像个学生的样子！你是个很有潜力的学生，继续努力，你会进步的。"

老师经常给我们讲报纸上的新闻，用鲜活的事例教导我们。他十分严肃，教室里惊奇、激动的我们衬托的是平静的他……

老师没有给我们说过什么"豪言壮语"，没有把教鞭敲断的"伟大功绩"，但那朴实的话语常常撞击着我的心扉："父母把所有的希望都寄托在你们身上，当他们冒雨接送你们时看到你们不好好学习，他们的心里好受吗？"老师，您用朴实的话语让我们体会了父母的苦心。

老师的板书呈直线，明快而流畅；老师的卷子多而不乱；老师的衣服整洁干净……

哎！温和的丁老师，有些想念您了！

希望是擦去烦恼的橡皮

老师不在的时候

俞向远

星期四早晨，我和往常一样，开开心心地背着书包走进教室，发现音乐老师胡老师站在教室后面看着我们，我很疑惑：班主任史老师呢？

过了一会儿，胡老师走了。我内心一阵窃喜，终于可以放飞自我啦！想必每个人的想法跟我是一样的吧！你瞧，老师才走了不到几秒钟，班级里就有人起哄了。早读员喊小马背书，小马一下子跳了起来，问："背什么？"早读员瞪了他一眼，说："背第九课的第一、六两小节。"小马翻了翻白眼儿，断断续续地回忆起来："嗯……这个……"大家都哈哈大笑，小马眉头紧皱的样子实在有些滑稽。很简单的内容他居然背不出来！大家的笑声越来越大，有的捂着嘴巴咕咕咕地笑得很文雅；有的捂着肚子前仰后合，嘴巴长得老大；还有的伸出手指着小马和同桌大声地说着什么；最靠近小马的两个同学索性离开了座位，故意把书捧到小马的眼皮子底下给他看……乱成一锅粥！

这时，早读员和班长早已气得火冒三丈，怒气冲冲地在黑板上写下了"马××抄第九课一遍！"我吓得一个激灵，鸡皮疙瘩都冒出来了，心想：老师说过她不在的时候班长可是有"生杀"大权的呀。千万别记我的名字啊，不然惨啦！这时，洪亮的读书声中夹杂着怪腔怪调的狼嚎声、猪叫、娘娘腔声，不时惹得我们哄堂大笑，气得班长怒不可遏。我定睛一看，原来是小杨、小陈和小王几个家伙在哄闹。尤其是小陈，他根本没捧书，而是在扯着自己的两只大耳朵，皱着鼻子、鼓着嘴，发出一种活像猪叫的声音。他的同桌早就笑得直不起腰来了。我也忍不住笑了起来，猛地又想起"抄书令"，赶紧捂住嘴巴，把头缩到书后面，生怕班长看到，但是还是忍不住，憋得我肩膀都抖起来了。这时，班长一声大吼："杨×、陈×、王×，你们几个也抄课文！"这些怪异的声音才终于消失，我暗自庆幸。

今天早读的这一出好戏真是难得一回看，平时是怎么也看不着的呀！

哎！原本我以为会很开心，实际上突然有点儿想念班主任在时的那个班集体，希望以后的我们能自觉安静一些吧。

童年小趣

希望是擦去烦恼的橡皮

零食之友

李章宁

在我们班，总有那么些人，他们有的上课调皮捣蛋，有的是话痨。我今天要讲的，绝不是这些违抗老师规定的"勇士"，而是一个比上述的那些人更有趣的一位——一个吃货。

"同学们，今天我们来学习——咳咳，嗯？"刚一上课，老师一句话还没说完，讲台下就一片骚动。趁这机会，"那位"偷笑着掀开抽屉，悄悄地从口袋里掏出一包零食，又从下层抽屉里将一盒果汁取出来，偷偷摸摸地用手抓着，放进了上层抽屉中。忙完这一切，她又轻轻地合上抽屉。动作熟练至极，令我望而生畏。

我记着笔记，眼角的余光向"那位"瞟去，看见她正不安地坐在座位上，扭来扭去，仿佛座位上有钉子似的，右手握着笔也是颤颤抖抖，左手摊在大腿上。嗨，不用说！一定是那位的"馋瘾"犯了。我偷笑，直到后脑勺被老师拍了一下，才又专心地记笔记。

不多时，老师回到讲台，又开始激情澎湃地讲解题目。果不其然，"那位"要开始行动了。只见桌面被掀开，她只用右手扶着桌面，把它固定在正好可以挡住老师视线的地方，左手熟练地伸向抽屉底部，从摆在固定位置、被撕开一道极方便手指进出的口子的零食袋中，驾轻就熟地用食指、中指夹出两个或三个零食，以迅雷不及掩耳之势，送进了微张的口中。就好像高速运转的机器一样，她闪电般地咀嚼了几下，吞进腹中，又再次将左手伸进抽屉，一摸索，把插有吸管的那盒果汁从抽屉的一角取了出来，提至嘴边，咬住吸管，吸了两口，把果汁放回原处。来不及细细品尝，她就那么混合着零食的残渣，咽了下去。她满足了，右手合上抽屉，左手顺势从抽屉里书堆的最上层带出来一个练习本，把练习本放在桌面，让人感觉好像在这么一小段时间里，她在找本子。

这么一位"零食之友"的"作案"技艺着实让我惊讶。可是这种走哪儿，零食就带到哪儿，连上课都不愿意放下手中零食的精神，却让我汗颜。还是希望这种"旷世奇才"收敛一点儿比较好。

童年小趣

希望是撇去烦恼的橡皮

是你教会了我

李伟瑄

每当天空泛起丝丝小雨，划过我的眼角，我总会记得你，带着泪继续前进。

是你，教会了我，成长的过程是痛的，结果却美好。

你是我小学时的班长，更是第一个关心我的人。小学时我孤独惯了，是你，主动找我交朋友，为我打开了一道心门。

你身为一班之长，不仅自己努力，更带动他人前进；在别人失落时，你给予温暖，伸出援手，班上几乎没有人不喜欢你。

可是，就是这样的你，哭了。

六年级的一节科学课，你终于因为顶不住来自学校学习的压力，准备写一会儿作业。可仅仅如此，你旁边的一位同学开始嘲讽你，什么班长，不一样上课写其他作业。

你立即停止了，并向那位同学道歉，并认真听课，可是那位同学却不愿息事宁人，又在旁边说了几句尖酸刻薄的风凉话。

或许你觉得你的努力在他人面前一文不值，那样的你，哭了。

我忽然意识到，你也是平凡世界里那平凡的人啊。你趴在桌子上，头埋着，没有其他人注意到你哭了。

一个人孤独地哭，大概很寂寞吧。

我回过头去，轻轻拍了拍你，别哭了，别伤心。

你立刻抬起头来，抹掉眼泪，是啊，不能哭，哭的时间也是时间。

你红着眼睛继续学习，不再管耳边的风凉话。我的心也随着你坚强了，因为你教会了我，真正的强者，即使带着泪也要走下去。

成长是痛的，可是你却教会了我，成长是美的，我仿佛明白了，你每次优秀背后的付出。

天，又晴了。

希望是擦去烦恼的橡皮

未曾忘却的……

张芳玲

暑假，我到奶奶家玩。奶奶拉着我说："我很好，别担心，你上学辛苦要注意身体，你从小身子就虚，吃点好的！"可是，奶奶的饭桌上，我却只看到了一小盘咸菜孤独地摆着。

那是一年夏天，天空中乌云密布，雷声震耳。我感觉身体不舒服，就唤来了奶奶。

"啊呀！怎么这么烫！"奶奶用手抚摸着我的额头，又用下巴贴在我的额头上。

"走！咱赶紧去医院！"奶奶不管三七二十一，拉着我的手准备往外走！

"可是外面要下雨了！"

"不要怕，有奶奶在！"

奶奶推出她那辆三轮车，在上面铺上一层被子，然后把我扶上三轮车，用毛毯把我包住，然后在我头上支了一把大雨伞。

走到半路，果然下起了雨，雨虽然下得不大，却也淋湿了奶奶的鬓发。

"奶奶，把雨衣穿上吧！"

"不要紧，马上就到了……你别动，在被子里待着……没被雨淋着吧……"虽然我的头顶有大雨伞遮着，可是，不知怎的，我的脸上湿湿的……

到了医院，我看了医生，吊了点滴，走出医院的时候，天空也放晴了。

"小小，饿了吧？那边有家面店，我们去吃一点儿吧。"奶奶带我到面店，点了我喜欢吃的长鱼面，自己却在旁边傻傻地看着我吃。

"奶奶，你不饿吗？"

"奶奶不饿，早上吃了好几个大馒头呢！"

……

回到家后，奶奶就让我回房休息。我躺下后，突然想上厕所，经过厨房的时候，我瞥见奶奶正端着一碗白米饭，桌上也是这么一小盘咸菜。

这件事过去已经很多年了，我因为上学，也搬到了镇上，和奶奶分开住。可是，我从来没有忘记那一年的夏天，奶奶的那句"不要怕，有奶奶在！"……从来没有忘记奶奶鬓角的雨滴……从来没有忘记奶奶桌上的那一小盘咸菜……

童年小趣

希望是擦去烦恼的橡皮

秋天的想念

虞艺凡

傍晚，母亲给我递来一杯热水，跟我去楼下散步。母亲指着路旁的梧桐说："深秋了，梧桐叶就快要落尽了。"我握了握手中还热乎的水，看着梧桐飘落，仿佛又回到了那年秋天。

儿时，父母忙于工作，把我寄养于爷爷家。爷爷家的院子里，有一棵梧桐树。一到秋天，树叶飘落，满院都成了落叶的主场。爷爷和我，每到这个时候都会拿着扫把来赶走这些落叶。爷爷拿着大扫把，我拿着小扫把，一个扫一个学，样子十分滑稽。但我坚持不了多久，就捡地上的树叶玩了起来。那时我觉得落叶金灿灿多可爱啊，长大后才明白落叶是深秋中萧瑟、悲凉的代表。

那年秋天，父母急急忙忙的动静吵醒了我。母亲把我抱起，我清楚地看见了母亲额头上豆大的汗珠。父母带着我急匆匆地赶往一个地方，一个有着红十字架的地方，原来那里是医院。那是我最讨厌的地方，充满了消毒水的味道和离别的惆怅。

我不懂我干吗来这，只想赶紧离开这儿。父母停住了脚步，我透过窗口望过去，就看见爷爷躺在洁白的病床上，很安详。

爷爷去世后的一个月，下了第一场秋雨。雨点在叶子上打转，叶子随着狂风一点儿一点儿地飘落下来。一片又一片，随着风儿吹动，随着雨点打落，随着人们的踩踏……慢慢地消失了不见了。这让我想起了那个躲在角落里哭的人，那棵高大的梧桐树，那对滑稽样子的祖孙。

又是一片梧桐叶落下，落在我的肩膀上。不知什么时候开水已凉。

希望是擦去烦恼的橡皮

一 对 身 影

李睿涵

"摇啊摇，摇啊摇，摇到外婆桥……"

傍晚时分，旧时的青石路上，一对被夕阳拉得修长的身影，伴着童年的歌谣再次映入我的眼眸。

"哎，慢点跑，别摔了。"外婆一手拎着满篮子的菜，还要顾着前方不倒翁一样的小肉球，便一把抱起了她。外婆的怀抱，真暖。

还是那条石板路，却已是我搀扶着腿脚不利索的外婆。外婆饱经风霜的手紧紧地握着我的手，有些疼，却异常满足。

我与外婆一起上街买东西，说直白点就是为我买零食。进了超市，外婆习惯性地拿了一个篮子，我却一把抢过，还对她说："我来吧。"我知道从前都是外婆照顾我，现在我大了，我要照顾她。

我随意地挑了些饮料，无非就是酸奶之类的，便想离开。外婆却不厌其烦地让我再买一点儿，可她是真的不知道，我只是想为她省点儿钱而已。有许多次外婆想从我手里接过篮子，我却拒绝了，像呵护什么东西似的把篮子抱在怀里，只有我知道，我在呵护外婆，想减轻她身上压了多年的担子。

回家的路上，外婆还是如往常一样地牵着我的手。背后就是夕阳，随着两道身影的拉长，我与外婆一路絮絮叨叨地，慢慢地走着。已不再是外婆唱歌谣给我听，而是我听着外婆聊着家常。

依旧是一对身影，早已换成比外婆高半个头的我守候着她，我长大了，有足够安全的港湾去为她避开风雨，为她承担压力，我就已经心满意足了。

希望是擦去烦恼的橡皮

芒 花

——读《愿你，归来仍是少年》有感

迟伊源

"不久前，我回到乡下，看到旧家前的那一片芒花已经完全不见了，现在那些芒花呢？仿佛都飞来开在母亲的头上，母亲的头发已经花白了，我想起母亲年轻时候走过芒花的黑发……"这是林清玄先生在《飞入芒花》中的一段话，因为父母喜欢读书，我偶然间在书架上的书中发现了这篇文章。

文中那个为孩子们讲故事却被飞舞的芒花吸引而久久不能忘怀的妇女，仿佛一下回到了懵懂恋爱时期的少女一般，她能不被生活的平淡和不如意泯灭自己欣赏美的本能。年轻的母亲与孩子在沉寂月光下和翻翻芒花相随；与孩子在溪畔野地采摘野花；芒花的轻软伴随着日常的点点滴滴，而逝去的岁月，也把纯白的芒花化作了母亲的银丝。

翻翻芒花，承载的是母亲付出的一生，它飘入儿女的心田，滋长出一份温馨。文中的母亲温和，能吃苦，把全部的爱倾注给孩子，却又很少顾及自己。

这也是天下所有母亲的共同点。天下母亲谁人不平凡，而谁人不伟大。在林清玄先生的文字里，我看到了那个紧紧搂抱着孩子大步流星地四处求医的母亲，看到了那个因为孩子摔下桌而担心得快要没命的母亲，看到了那个牵挂孩子远在他乡吃不好穿不暖而寝食难安的母亲……从他们简单朴素的话语中我也感受到了自己母亲对我深深的爱。

我的妈妈，熟悉我一切的人，时刻关注着我的成长：肚子饿了，做一碗美味；衣服短了，买一身新的……每次我伤心彷徨时，母亲所扮演的角色便是用温暖的手抚摸我，给我鼓励安慰，把我从悲伤的旋涡中拉出。而当我快乐时，妈妈却喜欢静静地望着我，眼里闪烁的是一种幸福的光芒。

而我，却是最不了解妈妈的人，生活中的种种不愉快往往会发泄给她。林清玄先生回乡，才发现旧家前的芒花仿佛飞来开在母亲的头上，母亲的头发已经花白了。我的母亲也以我不知道的速度在慢慢变老……

母爱的含义太深，我想，只有经过漫长岁月洗礼的人才会了解。

献给天下所有的母亲，谢谢你们给了我们最无私的爱。

希望是擦去烦恼的橡皮

阳光的香味

杨婷婷

他开心地笑了，说："这不是稻子的气味，是阳光的香味。"

微凉的秋夜，我独坐在窗前品读文章。读到这段话时，心中流淌过的似乎是那一丝丝阳光的温暖。我立马起身打开衣橱，翻到在层层叠叠的衣服底端已经泛旧的一个小盒，轻轻地将它开启，若有若无间，我似乎也嗅到了作者所提的"阳光的香味"。

小时候的我体质较差，特别是在冷热交替的时节，一着凉就容易生病。尤其是在洗澡之后，冰冷的衣服一套在身上，我就喷嚏连天，以前为此妈妈也是操碎了心。后来妈妈想到了一个法子，把要穿的衣服先放在阳光底下晒上一天，洗澡时，妈妈就把衣服放在怀里，用体温为我焐着。这样，衣服也就有了妈妈的体温和阳光的香味，穿在身上暖暖的。那时的我极其贪恋这样一种味道，我一遍一遍地嗅着，深切地嗅着我的衣衫，阳光的香味在夜的空气里一圈圈地晕染开来。那是一种令人无法形容的香味，似乎中和着花香、草香、泥土的芬芳；还伴着温暖，使人觉得无比留恋和亲切。好似人的一种本能，我像婴儿见到乳汁般吮吸着阳光的香。此时此刻，我仿佛在被温暖包围，感受不到一丝一毫的寒冷了。

后来，我渐渐长大了，十岁以后体质也好了，再也不用妈妈为我焐衣衫。可我天真地以为这阳光的香味可以留下来，我把一件已经不再合身却被妈妈焐了一次又一次的睡衣放在了这个小盒中，盖上盒盖，以为自己就此锁住了阳光的香味。

再到后来，我也明白保存住阳光不过是个童话，衣服也被我遗忘在了衣橱的角落。偶然再打开时，我没有细闻它，而是遵循了妈妈的建议，把它又重放在阳光下晒了晒。几个小时后，我抓住衣角，轻嗅，好像又回到了当时的感觉……

在那一刹那，我明白了，那不过是接近于体温的母爱，用阳光在衣服上镀成了永恒的香……

那，就是记忆中"阳光的香味"。

希望是擦去烦恼的橡皮

那掌声，我永远的记忆

王 妍

阳光灿烂的今天让我想起了那个让我记忆犹新的下午。

那个下午风和日丽，阳光明媚。河水在微风的吹拂下泛起阵阵波光，柳条划过河面，仿佛是婀娜多姿的少女。课堂上我们欢声笑语，笑容都无比灿烂。当"难题"来时，剩下的就只是那严肃的脸。

这个"难题"其实是老师给我们布置的一次任务。为锻炼大家的勇气和自信的一次演讲。这使我犯了难。远望，那蔚蓝的空中飘着洁白柔软的云朵，我的心却被阴云笼罩着。在时间的流逝中，一位一位同学讲完又被掌声迎下来，可就当到我的时候，我的心中就像有一道迅雷不及掩耳的闪电划过，紧接着就是倾盆大雨。我慌张了起来。

我站在讲台上，紧张得连嗓子都哑了，我的目光始终不敢向前看。仅是开头的自我介绍就使我的手心攥出了汗，舌头还与牙齿在"打架"，心在不停地乱跳，快说不出话。在这危急关头时，有一份掌声突然响起。我抬起头发现那掌声来自于我的老师，她在对我笑，为我加油鼓励，这就像那阴云中透过的一缕阳光，这便使我重拾信心，有了继续前进的动力。

我又开始说，起初声音是低哑的，但老师始终对我笑，这让我有了勇气。我的声音由弱变强，直到最后一刻。最终一片掌声响起，预示着我成功地完成了这次演讲。此时我心中的那片阴云散开，雨过天晴。

那一份掌声让我难以忘记，它鼓励着我继续前进。

今天阳光明媚，微风阵阵吹过，也让我想起那个让我又慌又喜的下午。

希望是擦去烦恼的橡皮

那一次，我成功了

朱 上

盼望着，盼望着，一年一度的儿童绘画比赛快开始了，一向喜欢绘画的我这一次肯定不会错过机会的。

明天就要比赛了，我早就把画笔、橡皮等绘画工具准备好了。因为太着急，我就事先画了一幅水彩画，画面清新而又浪漫，美丽而又富有诗意。我的心平静下来，心里有了点儿自信。

第二天一大早，紧张的我又开始画了起来。这次我用油画棒画了一幅儿童画，画面颜色深沉，给人以沉重的感觉，好像犯了什么错误一样。我觉得画面应该更加明亮一点儿，虽然画得不怎么样，但是自信一直鼓励着我向前、向前。

早晨八点的时候，比赛终于开始啦！哇，这里的小朋友可真多呀，我的心猛地一惊，但是我很快调整好自己，脸上又扬起的自信，顿时战胜了胆怯的念头。

监考老师在前面说了些绘画的方法，绘画要注意些什么。众多的小朋友坐在那里，但是教室却鸦雀无声，连一根针掉在地上都能听到，这让教室的空气无比紧张起来，令人窒息！

终于开始绘画了，我突然脑子里想起了和爸爸、妈妈去游乐园的情景。对！就画这个！我边画边笑，仿佛已经穿梭到热闹的游乐场里。快乐的旋转木马，惊悚的过山车，热闹的碰碰车。一阵阵欢笑声，一阵阵大喊声。想到这儿，我脸上的笑容格外甜美，像春天刚开放的花朵，美丽而又羞涩。旁边的女孩儿轻轻地朝我一笑，我也笑了笑，好像是多年未见的朋友。

一个多星期过去了，成绩终于出来啦。我得了一等奖，那个颁奖的老师说："小妹妹，我从你的画中读出了一种亲情，亲情是无价的，这一点儿任何人都要向你学习！"说完她用一双白净的手抚摸着我的头。

那一刻，我成功了，原来自信能给我一股强有力的动力！

希望是擦去烦恼的橡皮

我不是差生

顾 想

我是一个差生，差到在班上没有朋友，差到今天春游竟然没有人告诉我。

你也许会问，老师在班上说了好几遍的呀，你不知道吗？哦……啊……还是那个原因，我是一个差生，差到上课睡觉，下课梦游，所以，老师说的什么，我……什么都没听见。

偌大的一个操场上，同学们大包小包，两手空空的我，更显得另类。无所谓，我是差生嘛！

班主任，正慢慢地走向我，左手一个包，右手一个包的……她在对我笑……呵呵，一定是在笑我傻吧，连今天春游都不知道……无所谓，笑就笑呗，我是差生嘛。近了，近了，更近了……还笑，还笑，还在笑，笑得我都不好意思了……

"逗逗……"她总是这么叫我，叫得我鸡皮疙瘩起一地。

"逗逗……"她又叫了我一声，"你看，老师背这么多东西，都累死了，你能帮老师拎一个吗？"

为什么让我拎，心里虽不乐意，手却不自主地伸过去接下了她手中的包。

"里面有面包、巧克力什么的，你尽管拿着吃……"

哼！我才不会吃呢！我才不稀罕呢！

……

"逗逗，把我包里的巧克力拿出来！"

我打开包，拿出巧克力递给她。

"逗逗，你也吃一块！"她递给我一块。

"我不吃！"我没有接。

……

"我不吃！"我没有接。

……

"逗逗，你帮老师把这些饼干分给同学们吃！"

我不太乐意地接过饼干袋，递给其他同学。

"谢谢！"

"谢谢逗逗！"

……

咦，他们对我说什么？他们在谢我，我可是差生呢！

"逗逗，给你吃面包！"

"我不吃！"

"不吃不拿我当朋友！"

什么？我没听错吧？朋友？

我接过李明明手中的面包！

"逗逗，给你水！"

我接过黄凯手中的水！

"逗逗，给你……"

……

"逗逗，谢谢你今天帮老师拎包，要是没有你，老师肯定要累死了！"

"不用谢！"我说的声音很小，小到也许只有我一个人听得见。我转身跑进同学队伍里，觉得所有的同学都在对我微笑。

从小到大，参加过无数次春游，只有这一次，我至今难忘。因为，这次春游让我知道，我是差生，但我有朋友……不，我不是差生，不要再做一个差生了……

夏

李 想

脱去厚重的外套，换上轻薄的衬衫，春姑娘迈着轻盈的脚步，悄悄地去了。少了些凉爽，多了份炎热，夏天来了！

早晨，是夏日中难得的一丝清爽时刻。当我们刚被树上的鸟儿唤醒时，天空才刚刚露出鱼肚白。谁都不想错过这美妙的时光，走，出去散散步。河边的柳树姑娘也很聪慧呢，趁着这大好的时光，梳着自己长长的辫子，娇羞地看着水镜中的自己。可惜，这镜子已经没有春日那样的清晰了。哈！都被顽皮的荷叶弟弟给遮住了。他的玩伴——晶莹剔透的小露珠也跟着一起凑热闹，滑着碧绿的滑梯，扑通一声，滑进小河里，我仿佛听到了许多的欢声笑语。然而，在这小池之中，最引人注目的并不是他们，而是荷花妹妹。她们有的似乎故意不想让人看见她们灿烂且红扑扑的笑脸，羞答答的，躲在莲叶下，迟迟不肯开放。还有的大胆傲立在莲叶之上，盛开着，好不吸引眼球，让人陶醉，真是个"万人迷"！

夏日的中午，可就不像早晨这样令人心旷神怡。

太阳像个大火球，好像要把人烤焦似的，不给任何人情面，自私地散发着自己耀眼的光芒。每个人身上多少都留下了夏天的印记——汗。

但不久之后，雷和雨就打消了太阳想把人烤化的念头。雷声在空中隆隆作响，一道道闪电划破灰暗的天空，千千万万个豆粒般的雨点倾盆而下。夏天的雨来得快，去得也快。看！天边悄然出现的那道彩虹，让我兴奋得手舞足蹈呢！雨冲淡了夏天的炎热，一切都变得清新宜人。

傍晚时分，家家户户，老老小小都出来了。人们厌倦了中午的闷热，都出来感受呼吸清新的空气。老人们坐在家门口扇着扇子，十分享受地看着眼前的一切景物。我们小孩子们呢？一个个忘记炎热，都在追逐嬉闹呢。

啊！真是美丽而使人快乐的夏天啊！

一只鸽子的勇气

段玥含

午后，阳光暖融融地洒在爷爷家的院子里，我坐在小板凳上无聊地发呆。

这时，爷爷从厨房出来，手里抓着一把菜叶往院子里一丢，几只肥硕的芦花鸡一拥而上，真先恐后地享用起了它们的美食。鸽子们也想吃，可它们只要一飞下来，芦花鸡们就会瞪着眼睛，扑棱着翅膀，嘴里发出尖厉的哦咯咯咯咯……哦咯咯咯咯……把鸽子们吓跑。面对如此凶悍的芦花鸡们，鸽子们也不敢轻举妄动，只能眼巴巴地站在爷爷专门给它们搭的窝上干着急。

眼看着菜叶都要吃完了，站在窝上的一只鸽子突然噌一下飞到空中，然后以迅雷不及掩耳之势俯冲下去，从一只大公鸡的身旁叼走了一片菜叶。大公鸡不高兴了，它好像被伤了自尊，一只公鸡怎么能被这一只小小的鸽子从眼皮子底下抢走食物？大公鸡转过身，架起翅膀，气势汹汹地向鸽子咯咯咯地宣战。我想，鸽子肯定打不过公鸡，它一定吓得不敢再飞下来了。没想到，这鸽子定了定神，又从空中俯冲下来，在鸡的颈后一顿猛啄，反而把鸡给吓跑了。哈哈哈，这只大公鸡一定没有遇到过这么凶悍的鸽子！

鸽子又叼走了一片菜叶，却没有吃，我正觉得奇怪，它却飞到了鸽子窝旁，两张琥珀一样的小嘴从小洞里伸了出来，原来它是为两个嗷嗷待哺的孩子抢食物呢！

一切都水落石出，我明白了，这只小小的鸽子敢和比它强大的大公鸡争食搏斗，都是因为对鸽宝宝的爱，是爱让它充满了勇气！

有一种声音在记忆深处

希望是擦去烦恼的橡皮

一支笔的信任

陈宇朗

已经进入期末复习了，大家都不愿错过课堂上的任一分钟。而我却因在课堂上玩笔被发现，在那一节课余下的时间里，我一直都忐忑不安。玩笔，这可是重大违纪，语文老师会怎样处置我呢？

下课铃打响，大家都从紧张的复习状态中解脱出来，我的心脏却跳得愈发快。

终于，老师把我叫到了办公室。我提心吊胆，可……怎么没见老师掏出手机联系家长？怎么没见老师掏出本子记录罪行？难道又有什么新法子？

过了一会儿，老师打开抽屉拿出一支精致的笔。这支笔的颜色、外观都与众不同——竹状笔杆，上面等距刻了七个圆形的孔，笔帽上拴着一根红线，并系上一个无论是外观、形状、颜色都近乎完美的中国结！

老师拿着笔，双目炯炯，媚媚说道："这支笔老师送给你，希望你像这杆笔，如青竹一般，做一个乐观开朗一心向上的学生……"

我走出老师办公室，心头沉甸甸的…………凝视着这支笔，里面满满的，都是老师给我的信任与关爱呀！我怎能这样对不起老师！这不是典型的"恩将仇报"吗？

从那一天起，我一直将它带在身边，让它倾听我的呼吸声、心跳声，我相信，在成长的路上，它将是我的好伙伴，陪伴我上好每一节课，做好每一件事！

希望是擦去烦恼的橡皮

美丽的蜡烛会唱歌

张 蕊

"春蚕到死丝方尽，蜡炬成灰泪始干。"这句诗句唤起了我的思绪，让我想起老师那温和的笑容。

我心目中的好老师是一个对学生既严格又宽容的老师，他对学生的学习关心，讲究效率，关心学生平常生活，讲课细致。

她有一双慈善的眼睛，她有一头黑发，可没教我们多久便长出了许多白发，她笑时有一对小酒窝，她总是穿着朴素的衣服，却像天使一样呵护着我们。她总会告诉我们学语文要记住从多方面答题，语文必须活学活用。她总会在上课时，用幽默的话调动课堂气氛，即使我们回答错误或回答不出来，她也不会批评我们，而是给予我们慈祥的微笑和鼓励。

她总会提醒我们注意保护身体。有一次，有一位同学被雨淋湿了，她搬来了取暖器为她取暖，还时不时问："你还冷吗？你有没有什么地方不舒服？"这一字一句不仅温暖了那位同学的心，也打动了我们所有人的心，令我们久久不能忘怀！

陶行知说："捧着一颗心来，不带半根草去。"我坚定不移地认为这句话是在说她——季老师。我们一定好好学习，天天向上，不辜负您的希望。

我心目中的好老师，如同蜡炬燃烧了自己照亮了别人；如同天空的北极星，为我们引导正确的方向；如同春雨，滋润了我们干涸的心灵。祝愿您开开心心度过每一天。

希望是擦去烦恼的橡皮

花季教师节

章子玮

一年一度的教师节到了，应该送什么礼物给老师呢？什么礼物更有新意呢？这无疑给我出了个难题，嘿，还是先写作业吧。咦，纸！我可以折纸给老师呀！不如折玫瑰吧！

纸无论是对于老师还是学生，在日常生活中都是离不开的，用纸折不失为良策。在这五彩缤纷的颜色中，选红色是最能代表青春和热情的。

首先将纸的每边对折三次，折出六十四个正方形。有时候，教书和折花也有许多相似之处。要在中间的四个正方形中，折两个更小的正方形，折痕多了，就要用力把它折明显；当老师遇到屡教不改的学生时，就应该严厉些，下次学生的印象就更深了。然后在两个正方形之间折一个三角形，一定要刚好折到点上，不能偏左也不能偏右，否则就会使花的每一边大小不一；老师也会教我们怎样才能回答问题更严谨、思考问题更全面。折纸的步骤越来越多，我的手也不禁酸了起来。在我们写作业的时候，总会有同学抱怨："天哪，这作业也式多了吧，什么时候才能写完呀？"但是想想那伏在案前，戴着眼镜为我们批改三十四份作业的身影，我们有什么理由抱怨作业太多、写得太累的呢？我们又在这里抱怨什么！最后就是固定了，将纸的一角塞到另一角的空当里，这就需要慢慢来了，不能用蛮力，一不小心纸就会破；就像老师对我们从未大声训斥，有的都是耐心地教导，温声细语。

啊！玫瑰花成功折完了。最外层是八片花瓣，每一片都包裹着花心，像是老师对我们的保护。再往里是四片主要花瓣，它们连接着外层的八片花瓣和最中心的花蕊。正中间那突出的花蕊，它是我们学习、生活的结晶，它使花开放得更美丽。

折一枝花，送给最敬爱的老师；道一声"辛苦了"，送给一生的点灯人。

希望是擦去烦恼的橡皮

亦父亦师

吴润蕊

我爸爸，是一名普通的教师。他没有做过轰轰烈烈的大事情，也没有太多的光荣称号；他不高大，不英俊，也没有美妙的嗓音，但他却让我为他而自豪。

我自豪，因为他敬业爱岗；我自豪，因为他勤勤恳恳；更让我自豪的是，他如同老师一样言传身教。

一天傍晚，我因为补习，所以留到了很晚，父亲一直在外面等我。终于我忙完了，收拾了一下和爸爸一起回家，我坐在爸爸旁边的副驾驶上，像个小鸟似的和爸爸聊着学校的趣事。风从耳边呼呼吹过，爸爸时不时回头看我，脸上洋溢的满是宠溺。这一刻，我感觉我是这个世界上最幸福的孩子。突然，一个急刹车，我差点儿撞上挡风玻璃，不过，我系着安全带，没事。我下意识地转过头看向爸爸，爸爸则是微笑着望着我，用宽厚的大手摸了摸我的头，说着："没事儿吧？红灯了！"爸爸指了指前面那鲜红的警示灯。我看了看四周，连半个人影都没有，路边不远处就是农村，静的几乎可以听见青蛙的低鸣。我推了推爸爸，说道："爸爸，走吧！反正也没什么人。"爸爸没有说话，只是摇了摇头。红色的灯光，照在他那黝黑的脸上，仿佛有一种不可置疑的威信。许久，灯才由红变绿，他又望了望后视镜，才放心地走了。

路上依旧云淡风轻，但是爸爸的气息越来越凝重。我在旁边像只小兔子一样不敢吱声，终于，爸爸开口说："不管有没有人在，遵守交通规则都是我们的责任。你要学会耐心地等待，不要一失足成千古恨啊！"我愣住了，顿时感觉双颊像有两把火在燃烧着，一种尊敬、一种自责与羞愧从心底滋生。

终于到家了！第一次感觉回家的路如此漫长，我跳下车，爸爸把车停进院子里。我第一次觉得爸爸的背影如此高大。这就是我的父亲！我的仁师！

希望是擦去烦恼的橡皮

有一种声音在记忆深处

李若涵

有一种声音，一直都存在于我记忆的深处，现在听来，有一种说不出来的熟悉感，这种声音一直伴随着我的童年。

小时候，我总能在路边看到几个卖爆米花的摊贩。那葫芦状的爆米花机，在我的眼里仿佛是一个施了魔法的容器。只听摊主喊了一声："爆米花好了！"那些围在周围的孩子便会捂住耳朵，接着是像打雷般的声音，那些玉米的小小颗粒，就像是争相炫耀一样，开出了一朵朵白花。

那时候，我很喜欢爆米花，却对那刺耳的声音十分恐惧，从不敢独自一人去购买。妈妈像是看穿了我的心思似的，总是带我在街上闲逛，就是为了陪我去找到一个爆米花的摊贩。

每当摊主吆喝起来的时候，妈妈温暖的手就会捂住我的耳朵。每当爆米花机响起来的时候，从我耳中听到的巨响就变成了闷闷的声音。

我总是问妈妈害不害怕这个声音，她总是微笑地说："为什么要害怕呢？那个是爆米花的咒语。"我听了后对那声音来了兴致。后来，爆米花的声音在我心中也仿佛变得亲切无比。

那震耳欲聋的声音在妈妈的独特"加工"下，被编写成了神奇的乐章，让我的童年生活不再那么单调，像是充满了爆米花的香甜，让我难忘至今。

人生就像是被置于留声机上的一张张唱片，在唱针下奏起回忆的乐章，倾诉着过去的时光，有的已在时间的磨合下音质变得模糊不清。然而，那爆米花机的声音令我难忘，它还是那么嘹亮，仿佛发生在昨天一样，留在我的记忆深处。

希望是擦去烦恼的橡皮

我的影子朋友

李若涵

嫣然一笑竹篱间，桃李满山总粗俗。

我想，这就是她名字的由来吧，总给予人美如海棠般的清新之感。初次见面，我见到她滚圆的杏眼便愣住了。她眼角眉梢间透着恬静的淡笑，顾盼流转间尽是道不明的羞怯与美丽。

一张小巧的标准瓜子脸，坚毅挺直的鼻梁，女孩儿的俏皮中又有点男孩儿的英气。略泛褐色的长发微带一点儿卷曲，像刚晒过的水草，蓬松松的。

这如粉艳艳海棠般明艳而纯净的人，就是我的影子朋友——LWQ。

为何称为影子朋友呢？

因为我们的品行太过相似，做事的风格都很像，可样貌却相差甚远。所以她就像我的影子一样，虽看不清其样貌，可光看动作，就真的和同一人一样。

我们俩可以算得上发小了，从一年级一直到现在，岁月流逝，物是人非，这世界都不断地变。可我们那深厚的情谊早已埋在了心里。不管这世界是否灯红酒绿，又或者宁静幽寂，这世界的纷纷扰扰都不会掺进我们那不沾世事、简单而又不平凡的友情里。这样真好。

或许是缘分，当我第一次看见你，就觉得我们会是好朋友。我们也会吵架，在心里恨过对方。但过不了多久，我们又发现谁都离不开谁。

感谢你，我亲爱的影子朋友，是你让我感到了拥有友谊的快乐。

感谢你，我亲爱的影子朋友，是你让我这么多年来未曾感到孤单。

影子朋友，今生有你，足矣！

有一种声音在记忆深处。

希望是擦去烦恼的橡皮

我的同桌

戴 洁

我永远也忘不了那个冬季，那个寒冷却又温暖的冬天。在那个冬天里，我遇到了一个很好的同桌。

他个子有一米六几，远远看去高高瘦瘦，鼻梁上架着一副蓝框眼镜。我经常取笑道："这是学霸的象征。"他眼睛不大，却跟我一样喜欢笑，两个人坐在一起总有分享不完的欢乐，他的眼睛给人一种温暖、一种舒畅的感觉。

我们是在补课时认识的。冬天的气温给人一种特别不舒服的感觉，每天都拖着疲惫的身躯去补习班上课，课上还得强迫自己认真听讲，那种痛苦的感觉真的无法形容。每当这个时候他都会敲敲我的课桌然后用关切的目光看着我，顺着那温和的目光我总能接触到一种仿佛亲人般的注视。

他是一个很有耐心的男生，脾气也很温柔随和。每当我遇到不会的题目皱着眉头烦躁地转着笔的时候，优秀的他总是抽出空闲的时间耐心地、详细地为我开解思路。而当我问个很白痴的问题时，他从来没有抱怨，也不以事情推辞，仍耐心地告诉我应该用什么解题方法。

记得还有一次我生病的时候，老妈不让我去上课，任我在家怎么闹都不理，最后没有办法只好拿着手机诉说满满的思念，那天我们聊了很多关于各自学校的事情，不过最多的还是他关切的语句，这也没令我情绪激动。等到第二天去上课的时候看着满满的笔记我惊呆了，刚认识没多少天的同桌竟然能对我那么无微不至的照顾，真的很感动。对于他，我有很多说不出的感激，所以我一直都很珍惜一起谈论、一起上课的时间，希望能用什么来感谢他，我也正在努力，争取以后联络的机会能更多一些。

虽然我们不在同一所学校，他的成绩也是我远不可比的，但是我会永远珍惜这一份诚挚的友谊，永远也不会忘记这个陪伴我走过小学时光的同桌……

希望是擦去烦恼的橡皮

只是因为那个人

许沐琪

城市的夜晚，霓虹灯璀璨，我游走在街头，一个人孤单单的。

时隔两年，再次踏足这条柏油路，一种物是人非的感觉不禁涌上心头。

我站在树下，凝望着那在昏黄路灯映照下静默的孤影，渐渐出了神，时光仿佛流转到了从前，那个人，她还在……

在那个晚上，我们又相约来到这条柏油路散步，路灯将我们两人的影子拉得很长，就好像我们之间难能可贵的友谊，会持续很久，很久……

一路上，她始终一副欲言又止的样子，相识六年，我又岂能不懂她。我询问她："你是不是有事要对我说啊？"她一怔，支支吾吾了好一会儿。我见她犹豫，开玩笑道："你是不是做了什么坏事不敢告诉我，你从实招来，姑娘我饶你不死！"她听后一笑，徐徐开口道："那个……我要回老家上学了。"这回轮到我怔住了。她因父母工作的原因，要跟着一起回老家了，我们先前上同一所初中的约定只能因此作罢。

她见我一脸的不高兴，上前来握住我的手以示安慰。面对从小到大的第一次离别，我纵使再无奈，也只能道一句："朋友，珍重啊！"她对我回以一个最大的微笑，我觉得，就这样足够了，即使以后她不在我身边，我们的友谊也会长久的。

我逐渐回过神来，淡然一笑。每次踏足这条柏油路，我心中总会涌起思念之情。我想，只是因为那个人吧，只是因为，那个人是我曾经最最重要的朋友。

希望是擦去烦恼的橡皮

真得谢谢你

陈 凡

时光如水，细细流淌，时间的河水一流，便流走了五年，我即将从一名小学生变成一名中学生。回想过去，我最想感谢的人，就是你！

我本来性格豪爽，且自带幽默细胞，朋友自然不少，几乎全年级学生都是我的朋友。可不知何时，我的幽默细胞像爆炸了一样，让我特别爱开玩笑，并且开的玩笑也没度，经常让别人尴尬不已。谁愿意跟我这样的人玩呢？渐渐地，我的朋友，少了。

某个黑色星期五，我坐在校园内的小亭子上，看着一个个同学出校门，我的心里很不是滋味，毕竟以前是朋友，现在却如同陌生人一样，见面也不会打招呼。有的是根本就没有往这边看过，有的，看见了，却假装不"认识"。

这时你也出来了，不知为何，你往我这看了一眼，正好与我对视。我看得见你眼睛中的我，你也能看见我眼睛里的你。很快，你转过身，急步向校门走去。我忽然感到前所未有的失落。难道，我从此只能是孤单一人了？刚才还对这个世界抱有希望的我，心一下子凉了。

也许只有几分钟，我正思考"人生"呢，你突然出现在我的面前，手里提着两份杂粮煎饼。你见我出神，便用你温暖的手拍了拍我的头，把我从那个孤寂的世界中拉了出来。我第一眼便从你的眼睛中看到了失落又惊喜的我。

你递给我一份杂粮煎饼，说了句："吃吧。"还冲我笑了笑。我接住了它，感激地说："谢谢你。"你回道："没事，这不是小摊弄活动——买一送一嘛，不然谁给你买。"我从你的眼中看出了一抹笑意。我立刻也笑着道："嘿嘿，小摊儿这么做，也不怕亏本啊。是不是摊主看你长得丑，想赶紧打发你走。""哪有？是我太帅好不好，颜值这东西我一直在线。也许是摊主看我帅，才买一送一吧！""无语……"我们俩有一句没一句地聊着，我感觉刚才那孤寂的世界中开放出一种花，叫"友情"。

谢谢你，好朋友！在我最失落的时候，你对我不离不弃。是你用温暖的友情提醒我友情的宝贵——我真的应该改变了，不能再随便乱开玩笑，因为我需要朋友！

有一种声音在记忆深处

希望是擦去烦恼的橡皮

心儿安放的地方

何宗志

每个人都会爱上一座城，也许她十分时尚，拥有着乐此不疲的都市生活；也许她并不是那么的繁华，但她却拥有着令人听不完的故事；也许她也没有让人听不完的故事，但是她一定有优美的城市风光。人的一生也许会在许多城市中漂泊，但一定有座城让你无法自拔，而我爱上了那一座城——南京！

南京拥有着十分美丽的景色，无论春夏秋冬，她总是十分漂亮。

春天时的南京仿佛就是一片大森林，万物复苏。当太阳升起的那一刻，一缕阳光射入"森林"里面，远远望去，这片"森林"仿佛是在发光，给人一种不是天堂更胜于天堂的感觉。走进这片森林，小草伸起它们的懒腰，花儿绽放出它们的花朵，一起随着风儿飘动，仿佛是在与人们打招呼。各样的花儿挺起它们的腰，向着世人展示它们的美丽。再往里面走来到了一片湖泊，湖水清澈见底，鱼儿在水中嬉戏，你追我赶，好不快活！

夏天时的南京，仿佛就是一轮明日，照耀大地。这一轮明日无时无刻地向着人们提供温暖。儿童们在树荫下嬉戏，蝉儿在树上一起演奏着曲子，就像在做自己的个人演唱会。

秋天时的南京，仿佛就是一个大果园，人们在果园里面采摘着辛苦一年而得来的硕果。枫树叶是那么火红，让人都不敢上去摸一下似的，担心一摸就会被烫到一样。

冬天时的南京，仿佛就是一个完美的冰雕，是那么洁白、纯美。漫天的白雪飘舞着，大地被披上了一件白色的衣服，此时用"银装素裹"来形容那是最合适不过的了。

无论春夏秋冬，南京就是那样的完美，让我无法自拔地爱上了她。无论身处何地，我都会爱着她——南京，我的城！

希望是擦去烦恼的橡皮

汤包

杨雨彤

南京有许多美食，让人回味无穷的臭豆腐、麻辣鲜香的鸭血粉丝……但我最喜欢的，还是那晶莹剔透的汤包。

汤包又称小笼包，制作方法比较复杂：先要自己买来面粉做出薄薄的皮，然后开始做馅，馅是用肉、肉皮、葱……加入水做成的，做好的馅有太多的水，不能直接包，要放在冰箱里冻一会儿，这样，水就变成了冰，在蒸的时候，冰又化成了鲜美的汤汁。冻好的馅包进薄薄的皮里，捏出十六条折痕，便可以放进笼屉里开始蒸了。

蒸好的汤包，还没端上来，就有一丝香味儿在空气中飘荡，牵引着人的味蕾，让人不禁咽了一口口水。打开盖子，一阵热气扑面而来，再看看那汤包，一个个小巧玲珑，让人忍不住想打开那晶莹剔透的皮，看看里面装了些什么。一打开，还没有看到馅，一股带着诱人香味的汤汁便抢先一步流了出来，尝一口，一种很浓郁的鲜味顿时充满了口腔。在这鲜味里，还有淡淡的咸味，细细品味，还有一丝甘甜。喝完鲜味十足的汤汁，就开始吃皮和馅。皮是半透明的，嚼起来韧性十足。馅有着比汤汁还浓郁的鲜味，吃下肚后，那鲜味仿佛还缠绕在舌尖上。吃完后，我真想大喊一声："鲜！"

我爱南京的汤包。

有一种声音在记忆深处

希望是擦去烦恼的橡皮

新疆之行

邹宇桐

这个暑假，我和爸爸妈妈一起去了新疆游玩，在那里度过了一段美好的时光。

"新疆土地面积约占国土总面积的六分之一，所以这次旅行大家有大量的时间消耗在车上。我们的车一动就是上千公里呢。新疆与南京有两个小时时差，南京晚上六七点钟天就黑了，新疆晚上九点天还是亮堂堂的呢……"出游的第一天，导游就自豪地向我们介绍新疆，因为她就是新疆人呢。

我们先去参观了魔鬼城，不要以为魔鬼城就是有魔鬼住的城市，它之所以被称为魔鬼城是因为这里全是雅丹地貌，没有任何树木的遮挡，所以晚上当有强风吹过这片地区的时候，就会发出呼呼的声音，就好像魔鬼在咆哮。雅丹地貌形成了许多形态各异的土丘，有的好似一座断桥，有的像一张人脸，有的像一只暴怒的狮子……数不清的土丘给了人们无限遐想的空间。

接着我们去了新疆最著名的景点——喀纳斯（Kanas），这个景点有多美丽呢？用一句话来形容就是"喀纳斯是神的后花园"。当然了，这里优美的景色也没有让游人们失望。坐在观光大巴上，看到窗外的山峦连绵不绝，山间云雾缭绕，仿佛我们与群山间隔了层纱，给人以若有若无的感觉。说到喀纳斯啊，这里的"三湾"就不得不提一提了，它们分别是月亮湾、卧龙湾和神仙湾。先来说说月亮湾，它之所以会有这个名字是因为湖水蜿蜒，湖岸边被高耸的白桦树包围。远远看上去，弯曲的河流宛如月亮一般，因此得名"月亮湾"。接着我们来到了卧龙湾，这个湾更神奇了，堆积在河岸中间的石头形似一只恐龙，所以它被称为"卧龙湾"。最后我们来到了"神仙湾"，这里的湖水将森林和草地分成一块块似连非连的小岛。因此人们称之"神仙湾"。从湖面上看去，在阳光的照射下，湖水流光溢彩，就连树上的叶子都闪闪发光，仿佛无数颗珍珠从天上洒落下来，美丽无比，因此"神仙湾"还有另外一个名字——"珍珠滩"。

我们乘游艇参观整个喀纳斯湖，湖上风平浪静，湖水清澈见底，泛着一种淡淡的青绿色，好似满池的翡翠。湖边的山峦层层叠叠，森林里绿草如茵，各色的山花争奇斗艳，不同的植物颜色分明，空气十分清新，天空无比湛蓝，风儿轻轻吹拂着我的脸颊，好像在给我搔痒，十分舒服。我闭上眼睛，沉醉其中，恍如隔世。

以后的几天里，我们还去了火焰山、禾木、天山天池等很多景点，饱览了新疆美妙绝伦的景色，度过了愉快的新疆之行。

有一种声音在记忆深处

希望是擦去烦恼的橡皮

别 有 天 地

居会浩

以前，我以为只有家乡的风景最美，只有家乡的竹子最挺拔，只有家乡的农家菜最有农家味道，这个五一让我见识了真正美的山、真正挺拔的竹子、真正好吃的农家菜。

这个五一，我同家人来到了宜兴，这次去宜兴就是冲那里的山去的。

一进宜兴，我们先是去了那里的大觉寺。大觉寺的大门就是由山夹着的，竹子已经长满了山，远看就是一绿色城墙。爸爸告诉我，这是小的竹海，大的竹海还在下面呢！我顿时就开始瞎想了……在大觉寺里也没做什么就是烧香，拜拜佛。

离开了大觉寺我们就往大山环绕的地方去了。我们走在乡间的小路上，小路只能供一辆车由此经过，就是感觉路边的山夹着小路，小路夹着车，而车就限制着人，车前的路伸向深处，时不时有一两个路口，路口前方就是一两家人，房屋依山而建，过了几十分钟，这条小路终于到了头。前方就是一家农家乐，来得时机正好，我肚子也已经饿了。走进小饭店，一进门就是给人一种是这里的人家开的似的，大蒜头挂在墙上，红辣椒，看着就给人一种辣辣的感觉。农家菜真不愧是农家菜，竹笋是刚刚弄的竹笋，乳白色的竹笋上还有一点点青绿色，炒出来那真是香啊，整个饭桌都漫着竹笋的香气。

吃完午饭之后就向着山里进军了，山环着山，竹子与竹子交叉生长，竹海真不愧是竹海啊，在远处看那叫个美，在近处那叫个更美啦。山边坐落了几家人，再往里走就是山脚了。有笋，有竹，笋依偎在竹旁，像个妈妈带着孩子一般，竹海还是一个字"美"啊!

与我的家乡相比，山更美了，竹子更挺拔了，农家菜更香了，我在那里更开心。我觉得那里真是别有一番天地呀!

希望是擦去烦恼的橡皮

美丽的莲花峰

张可仁

太好了，终于要游览莲花峰了！啊！心慕已久的莲花峰终于到了，跃入眼帘的是两个绚丽的"孔雀大使"。它们正抖动着美丽的羽毛，彬彬有礼的向游客行礼。哎呀，差点弄错了，原来"孔雀"是用五颜六色的花扎成的，怪不得这么"规规矩矩"呢！

步入正门，我仿佛置身于一副优雅的景致之中。两边是翠竹林，密密层层的竹叶汇聚成一片海洋。蜻蜓低飞，蝴蝶停在翠绿的竹叶上，显得格外美丽。蜿蜒曲折的碎石小径上一直延伸到竹林的最深处。我沿着小径缓缓前进，一股清幽的风扑鼻而来，令我不禁想起："曲径通幽处，禅房花木深。"

顺着曲折的小径，穿过柳香榭，眼前出现一个喷水池。壮观的假石喷泉，喷出各种各样的水花，在阳光的照耀下就像一串串珍珠。水流潺潺地穿过乱石，曲折迂回地离开了假山，发出哗啦哗啦的流水声。我不知不觉走到了荷花池，大片大片的荷叶层层叠叠，刚开的淡粉色荷花像一位害羞的小姑娘，已经盛开的荷花像一位亭亭玉立的姑娘……

不知不觉，已经在园中待了两个小时，最后我来到了海边，夕阳照在海面上，闪着点点金光，海面上不停有海鸥飞过，美丽极了。

莲花峰，真令人流连忘返。

希望是擦去烦恼的橡皮

换一个角度寻找快乐

李 倩

今天下午，天气晴朗，我和妈妈去花神湖畔放风筝。那是一只蓝色的蝴蝶风筝，因为好久不用的关系，上面沾上了一些灰尘。

湖边有微微的清风拂过我的脸颊，凉凉的，很舒服。稍稍休息了一会儿，我们便开始放风筝。

下午的风并不大，反倒带了丝慵懒的气息。我叹口气，看来，想凭借风力放风筝并不容易呀！那么，便使用人力吧！我让妈妈拿着风筝，站在一棵柳树下不动，然后自己抓着风轮向前跑。等跑得差不多了，妈妈便松开手，将风筝托了托。我一边扯着线，一边急速地奔跑，终于，风筝飞上了蓝天。

我转着手中的风轮，一圈一圈地放线，看风筝越飞越高，我便觉得快乐了。它能在空中飞翔，我也有功劳呢！我欣喜地想着，但转念又想，若是我收了线，它还能继续飞翔吗？它的自由，仅仅只是表象，其实它还是逃脱不了被束缚的命运呀！

我咬咬牙，一用力，扯断了那根连着风筝与风轮的细长的线。我看见，那蓝色的蝴蝶就这样，拖着它长长的尾巴，向更高的地方飞去，已没有人可以擒住它了。我认为，风筝一样也需要自由。

我望着那风筝，微微地笑了。我依旧快乐，只是这快乐变得很宁静。妈妈带我来湖边游玩，就是希望我可以抛开学业，过一个开心的下午，但快乐不需要思维定式，快乐并非一成不变。放风筝我会觉得快乐，但放走风筝我会觉得更快乐。

每个人对快乐的见解都不同，正如每个人寻找快乐的方式也是不同的。从任何一个角度出发，你终会抵达快乐。无须被所谓的寂寞困住，因为换一个角度，你就会发现，快乐一直在你身边。

有一种声音在记忆深处

希望是擦去烦恼的橡皮

我 的 风 景

何莹莹

深深浅浅的绿弥漫着山野，山间雾气迷蒙。这样的风景是属于大自然，自然也是我所向往的。但在我记忆的长河中，属于我的那一片风景，便是幼时的那一片金黄的油菜花。

微风轻拂，碧波荡漾，万物都苏醒了。那一大片油菜花都抽出一根根青绿的叶子，吸吮着春风细雨的精华，生长着，蓬勃着。幼时的我立于它们之间，无忧无虑尽情地玩耍……

知了在高声地鸣叫着，夏天到了。那一大片油菜花经过一春的洗礼，变得更加葱绿了。一片片叶子傲立着，似乎在与烈日较量，让人感到生的力量。那时的我啊，即使晒冒油也不忘在油菜地里和小伙伴摔上一跤呢。

转眼间大地已经穿上了金黄色的毛衣，枯黄的杨树叶和鲜艳的枫叶飘落下来，好似几只彩色的蝶在空中飞舞。那油菜花也已经开得金黄，远远望去已是一片金黄色的海洋，热烈而灿烂。这时若是你再定睛一看，便会发现那个小人儿在其中欢笑着、奔跑着，金色的花粉沾满一境，熠熠生辉。

瓜熟蒂落的时节已过去，迎来的将是一个肃杀的季节。大地身着一身纯白色的长裙，当她落泪时，天空就下起了雪花。她的伤悲似乎无止境，就这样下啊下啊，油菜花承受不住那蚀骨的悲伤，凋落了。她静静地站在那儿看着这一切，小小的少年也开始识了愁滋味啊。

"春江一望微茫，变槐檀。无限青春麦田，菜花黄。" 那一片油菜花至今还是我的风景，我心中的那一片永恒的风景。

希望是擦去烦恼的橡皮

只是因为那条路

高可欣

记忆中的那条路，有着夏天最凉爽的风、春天最好的景和那最美的记忆。

那是条不宽阔的小路，小路左旁是高大的楼房，房屋投下的阴影使得左半边常年都有阴凉，右旁栽种着数棵在冬天有着烂漫花朵的梅花树。暮春时节，各色野花会竞相开放。

犹记得旧时光里，我每次去学校，总是会走这条路。妈妈骑着自行车载着我悠悠地晃。偶尔远处会有自行车的响铃声，声音从小缓缓变大，骑车人高大的身影也会在阴影中逐渐清晰。长大了点儿，我就每天自己走那条路。傍晚时分，天边总会有几抹艳丽得惊心的云霞，被橙黄色浸染的天空也会给小路带来几束温暖的光，路旁野花散发出奇异的芳香，混合着楼道里人家的饭香，竟有种说不出的心安。

冬天的梅花盛开的时候，正是一年中最冷的季节。我和妈妈裹着厚厚的棉围巾艰难地骑行在冷风中，然而路旁淡淡的，有一股令人无法忽视的梅花香，竟带给我和妈妈前进的动力。我们一直闻着香气，不知不觉竟也骑过了冷风最强的地方。

我长大之后搬离了那片地方，也不会再在上学时走那条路了，没了花香和小路的陪伴，上学时便多了点寂寞。

那次偶然的机会，老师让我们说一个印象最深刻的地方。我在脑海中搜寻了几个地点，却都遗憾地发现没有半点思念之情，恍神间突然想起了儿时居住的地方。童年的美好回忆，都纷纷从时光深处慢慢走来。为什么是那里呢？

或许，只是因为那些醉人的花香，只是因为那抹美丽的霞光，只是因为那条在多年之后依旧在我记忆中不褪色的小路。

有一种声音在记忆深处

希望是擦去烦恼的橡皮

邂 逅 秋 天

——记六年（5）班 2017 年秋游

李璟轩

这一天，
阳光显得那么明媚，
绿叶显得那么青翠，
激动与喜悦溢满我们心扉。
去吧，去秋游，
去收获一次美妙的旅程足以让我们回味；
去吧，去秋游，
去拥抱那漫山遍野的芳菲！

那光洁绚丽的大理石上掩映着的
是同学们纯真的笑颜；
那清澈见底的小溪流中流淌着的
是大自然谱写的诗篇。

是谁，在栈道边山川与河流中
画下了这恢宏画卷？
是谁，在同学们明亮的眼眸里
刻下了这精妙绝伦的魔术表演？

冰冷的空气无法阻挡
我们的热情似火；
高大的栏杆无法遮拦
小动物们的生机蓬勃。

风儿吹了，
却扯不住秋姑娘金黄的裙角；
鹦鹉叫了，
却留不住飘荡在脖间艳红的丝缘。

这里的花儿如繁星点点，
这里的景色使人陶醉流连，
这里的名字叫水墨大埝，
我们在这里邂逅了秋天。

希望是擦去烦恼的橡皮

茶花之美

李梦婷

我坚信，每一处景物都会有自己的闪光点。例如，那校园中前一株、后一株的茶花。

我见过它开过的花，颜色就像害羞了的姑娘的那一片红晕，可爱而娇嫩。它不比茉莉那么清秀，也不比牡丹那么国色天香，不比桂花那么十里飘香，更不比杜鹃那么明艳！它那么朴素，那么不引人注目。有时只有在开花的时候，才有人注意到它。

冬天寒风凛冽，冷空气弥漫了整个校园。北风吹得树枝哗啦、哗啦作响。被这么一吹，身上的热量就跟着冷风离开了身体，我紧接着打了几个寒战，身体冻得冰凉冰凉的。而茶花却已经开始孕育花苞，悄悄地盼望着开放的季节，我们最爱的季节——春。

春天来了，气温渐渐地变暖，茶树更鼓足了劲儿在生长，花苞更鼓了，仿佛它只要再一使劲，那花苞就开了。可是，它依旧静静地等待。突然有一天，我发现花苞咧开嘴儿了，露出了那红色的花瓣。我看见，红色的花瓣围成一圈，看起来舒服极了。我摘下一片花瓣，捧在手心里，感觉就像手里捧的不是花瓣而是一块天鹅绒布。娇柔的花中还嵌着几根金黄金黄的花蕊，那么小，那么黄，好像几根渡了金子的针插在花里，显得整朵花更加精神、更加美丽。我把鼻子靠近花朵，嗅嗅。一股若有若无的香味，若近若远地绕在鼻子周围。

茶花之美，在于它的朴素与不引人注目，但它一直装点着我们的学校。茶花，真好!

有一种声音在记忆深处

希望是擦去烦恼的橡皮

向日葵，向日葵

龚心一

"更——无——柳——絮——因——风——起——，惟——有——葵——花——向——日——倾。"我嘴巴微张，抬着头望着向日葵面对的太阳，轻轻吟诵着。我的性格，就像这向日葵。

我也曾摸爬滚打，也曾汗水淋漓，也曾眼睁睁望着希望的帆船在漩涡中迷失，可那最初的梦想却始终留在眼眸中挥之不去，即使千疮百孔，我也义无反顾，毫不畏惧。

那一年偶遇一片向日葵花海。阳光洒下，向日葵高低不一，在微风的吹动下恰似在向人点头。

妈妈告诉我这是一种奇特的植物。它总是长在阳光下，就算是这样，它还是比谁都渴慕阳光。那时候我觉得向日葵真的很傻，总是跟随着遥远的太阳，一个人的道路上只有它自己，必须忍受所有的忧伤。它总是走走停停，永远也不会找到一个终点。因为它总是随着太阳漂泊。

后来我有了自己的追寻，有了自己的寄托，我突然想起了向日葵。这向阳而开的花，开起来就像阳光般灿烂，颜色里也已充满阳光的味道。它一直忍受着风吹雨打的煎熬，在无人注目的泥土里坚强地存活。它追逐太阳，是因为任何暴雨和阴暗都抑制不住它内心的希望。

那时候我忽然间明白了梵高画向日葵时的冲动。于是我爱上了这种花。

向日葵一直对着太阳微笑，即使阳光很刺眼。我决定做一株向日葵，勇敢地向着太阳骄傲地活着。

有时候我也会问——这是怎样的一种爱呢？

渺小到不值一提的向日葵，竟深爱着离它那么遥远的太阳。这是怎样的一种追寻呢？

弱小到一场暴雨就可结束它短暂生命的向日葵，竟毫不畏惧地追寻着伟大的阳光。

向日葵，向日葵，也许也就是这样，太阳被你感动着，毫不吝啬地将阳光洒向你的脸庞，即使细碎，但是温暖。

希望是擦去烦恼的橡皮

家有球迷

潘 航

"耶！又进了！""苏宁最棒！"是谁？是谁在那里吵闹？告诉您吧，这就是我的老爸。

我爸爸可是一个不折不扣的足球迷。虽然我爸爸是典型的"纸上谈兵"类型，但他却是一个足球发烧友。每天我爸都要在睡觉前看上两个小时的足球赛，好像这就是他的催眠曲一样。

有一次，我上补习班回来，刚一打开门，我就感到不对：房间灯竟然还开着！要知道，我回来时已经十点多了！我再一看，使我哭笑不得：爸爸竟然躺在沙发上看足球比赛睡着了！

我爸还有一个癖好：他喜欢身边到处是足球！他的衣服上常常挂着一个足球状的哨子，他的房间里也全是足球明星的照片。他的被子也印了足球，仿佛没有足球，他就会活不下去了一样。

"儿子，我跟你说啊，这次中国队终于进入世界杯预选赛了，可喜可贺啊！"听见没，我爸又来了。我相信我爸爸会一直迷着足球的！

家有粥香

高 旭

我已许久不曾尝到奶奶煮的粥了，实在想念那清甜的粥香。

儿时，每天清晨，我在甜蜜的香气中醒来，便会一路循着那股粥香跑进客厅。桌上那碗热腾腾的粥散发着淡淡的清甜的味道，诱人极了。舌头卷起有些烫的粥，一股暖流直落进我胃里，整个身体都暖和起来。我轻轻一咬，又软又糯的米粒破裂开来，清甜的米香在唇齿间流淌。一碗粥下了肚，我只觉得五脏六腑似乎都被洗了一遍，浑身上下每一个毛孔都舒展开来。我意犹未尽地舔了舔嘴角，身上热乎乎的，心里甜滋滋的。奶奶坐在一旁，看我一脸的幸福满足，也露出一个心满意足的笑容，就连眼角的皱纹，也高兴地舒展开来。

奶奶煮粥的秘诀是什么呢？我想，应该是她的细致和耐心。天刚蒙蒙亮的时候，她就开始准备煮粥了。她总要选出又细又长晶莹饱满的米，在清水中淘洗干净，再放入小锅中用小火慢慢地煮，直到冒出一串串小泡泡，咕嘟咕嘟，像唱歌的声音，再在锅中焖一会儿，粥上就会结起一层亮晶晶的薄壳。每每这时，家中就会飘起一种清甜的香味，不那么浓烈，却是伴着我成长。

奶奶说，粥最养人。我的童年浸润在这清甜的粥香里，我就这样在奶奶温暖的粥的滋养下长大。平淡普通的粥，总能在奶奶的手中变出各种的花样。一年四季，家里都飘着诱人的粥香，或夹杂着红豆的甜味，或夹杂着绿豆的清香，又或者蕴含着百合的清苦味道，让我闻不厌，吃不腻。

我渐渐长大，鲜少有机会再尝到奶奶的粥。尝过小店里各式各色的粥，我也未寻到那样的味道。

看着眼前店老板刚刚端上桌的寡淡的稀粥，我不禁又想起家里清甜的粥香。我渐渐发觉，奶奶煮的粥之所以独一无二，不仅仅因为她的细致和耐心，更重要的是她对我独一无二的关怀与爱。

我又开始想念家里的粥香了——那独一无二的爱的味道。

听到花开的声音

希望是擦去烦恼的橡皮

陪 伴

朱 婷

秋风带着丝丝寒意，海潮一般地席卷了大地，我轻轻挪了挪脖间你亲手织的围巾，转过身，大声地喊着："奶奶，快来啊！"步伐细碎的老人摇晃着身子，颤巍巍地来到我身边，轻轻喘着气："慢些啊……"你的手微微抬了抬，似乎是想牵住我，却迟疑了半晌，终究还是颓然放下，缓缓地转过身，慢悠悠地朝前走去。我一言不发地跟在你的身后，垂着头，有些失神："我有多久没有陪你散步了呢？"思绪回到了小时候。

刚过三岁的我正是活泼爱闹的年纪，和你一起散步，自然也就成了我最期待的闲适时光。好静的你总爱在晚饭后出门散步，小小的我也总是乐颠颠地跟着你，成了你甩不掉，也不愿甩掉的小尾巴。

于是，我与你变成了那条小路上一道独特的风景。夕阳斜斜地照在人们身上，你牵着一蹦一跳的我缓缓地走过一棵棵树，走过树旁的一幢幢房子。我总会不时停下脚步，奋力地踮起脚，举起胖嘟嘟的小手，指指这儿，指指那儿。我仰起脸，紧紧地盯着天边的那一抹橘黄色，好奇地问你："奶奶，那个会发光的东西是什么啊？"你笑眯眯地俯下身子，看着我充满童真的眼睛：

"那是太阳啊！"你那双温和如新月的眸子里，有流星般的光亮闪过，一瞬间，温暖了我的视线。

你就是这样领着我，认识这个世界。

你陪伴着我，走过这条"求知""成长"的小路，一走便走了近十年……

风更凛冽了，我望着你瘦小的身影，鼻尖一阵酸涩，突然有了一种想哭的冲动，教我说话的你，喂我吃饭的你，替我梳头的你，陪我散步的你，还有风中独自前行的你，一齐涌上心头。我快步向前走去，牵住了你的手。你的手冰凉，厚而粗糙的茧摩擦着我的掌心。这是一双怎样饱经风霜的手啊！我心中默默地想。

突然，你抬起头看我，布满皱纹的脸上露出了一个浅浅的笑容，很快又被一抹歉意取代："手怎么这么冷啊？都怪我，咱们不散步了。走！回家。""不用，是你冷呢！"我不由得握紧了你的手，牵着你，慢慢向小路另一头走去，"我呀，还想陪你再走一会儿。"我知道，你一定是想我陪着你的。果然，你听了，露出了一个欣慰的笑容，细密的皱纹舒展开来，朝着我点了点头："好，好，陪我走走。"

寒风中，老迈和年轻的身影相互依偎着前行。微黄的落叶蹒跚而下，依依不舍地与树做着最后的话别，默默等待生命的枯萎。我看着身旁日渐衰老的你，心中一遍一遍地默念着：

奶奶，请让我陪着你，走一会儿，再走一会儿。

也许有一天，你的眼睛不再明亮，看不清远方的路；也许有一天，你的行动不再敏捷，追不上我的步伐；也许有一天，你的反应变得迟钝，口齿不清又唠唠叨叨；也许有一天……但我会说一遍再说一遍，温柔一点儿再温柔一点儿，牵着你的手，耐心地陪伴在你身旁。

奶奶，剩下的路，请让我挽扶着你一起走过，我愿成为你的依靠。

黑发，白发

王心怡

岁月就像秋天的叶子，会很快地凋落、腐烂、消逝。其间，它也会让黑发渐渐地褪去光泽，换上素白的装束。

记忆中，长发常在家门前的大树下等待短发放学归来。阳光把那头黑发雕琢得很黑很亮，风中的那头黑发被拉得很长很长。长发就这样每天开心地望着一蹦一跳的短发归来，眼里满是欢乐。

早晨，短发背着书包去上学，长发亲吻着短发，在短发的耳边叮咛了几句，弯下腰的时候，短发闻到了长发那淡淡的香气。

吃完晚饭后，长发给短发清洗头发。短发顶着晶莹的泡沫，嘻嘻哈哈地笑着。长发轻轻地用清水将短发头上的白色泡沫冲洗干净，她轻轻地揉着短发的耳朵，然后用毛巾轻轻地为短发擦头发。短发笑着问："妈，我什么时候才能有你那么长的头发呢？"长发看着短发，慈爱地说："孩子，会长长的。"

夜晚，在昏暗的灯光下，长发耐心地辅导着短发做作业。长发讲得很入神，短发听得很认真。

长大后，短发离开了长发，去了遥远的城市。长发每天都守在家门前，思念着短发，回忆着往日的欢笑，仿佛那些欢笑并没有随着时间而消逝。但是，此时的长发早已不乌黑光亮了，取而代之的是那一头苍白的思念。

深秋，长发仍然在等待短发，她的思念化成了一地的落叶，空气中弥漫着秋天的味道。短发回来看长发了，长发开心地笑了，嘴角回荡着甜蜜。

傍晚，短发为长发清洗头发，短发就像长发那时轻轻地揉着长发的头发。只是如今，短发已经成了乌黑光亮的长发，而长发已经成了银白色。

岁月流逝，将黑发染成白发，但同时也让短发长得更黑、更长。

网

王 蕊

我迟迟未察觉，我早已深陷在亲情的网中。

"我是为你好！你不能……"已经记不清是第多少次，爸爸又以这种口吻苦口婆心地劝我。我心中满是怨怼，爸爸为什么总是以爱的名义来束缚我呢？他分明是编织一张亲情的网，网住我，给我套上爱的枷锁！

"我下定决心了，住校！"我斩钉截铁地做了决定，心中暗自窃喜，无比期待挣脱束缚后的自由生活……

艰难地咽下一口油腻而且咸得发苦的菜，我又想起家里的饭菜了。很普通的食材，经奶奶的手烹调，总有别样的滋味。香甜的红豆粥、清苦的绿豆百合汤，还有宫保鸡丁、红烧排骨，就连白米稀饭都有一种与众不同的清甜滋味。我的味蕾似乎对奶奶烹制出的独特的味道产生了记忆，变得无比挑剔，使我总也忘不了家中的饭菜。

我走出食堂，沿着小路朝教室走去，走读的学生还没有到校，只有路旁的桃树与我为伴。枝头上初开的桃花在清晨的风中轻轻地摇晃着，嫩绿的叶子沙沙地响，像是红着脸的孩童摇晃着脑袋，咿咿呀呀地背着唐诗。我又陷进回忆里了。儿时，妈妈总爱抱着我坐在桃树下，让我伏在她的膝上，教我念"春风一夜吹乡梦，又逐春风到洛城"，粉红的桃花瓣牵着风的手在空中跳起舞，我仰着红苹果似的脸，咯咯地笑。

日益长大的我曾经无比渴望挣脱那张亲情的网，自以为是地想要逃离"爱的枷锁"，自以为是地挣脱之后，才发现亲情是我永远剪不开的羁绊。

家人用爱为我编织了一张亲情的网，我早已习惯了爱的环绕，以至于忘记了亲情对于自己的重要性。我是风筝，亲人执线，无论飞得多远，亲情总牵绊着我。爱与牵挂交织成纷繁的网，我深陷其中。

"丫头！"思绪被打断，我猛地抬起头，爸爸正站在校门口，微笑着看我——他来接我回家。

我忙朝爸爸跑去，心中涌起一种强烈的难言的感动。我愿永远沉醉在亲情的网中，做网篮中那个悠游自在的小孩儿。

这世界有我

朱 雪

这世界里小小的我，就如同一颗星星，渺小极了。但我从不为此难过，因为每一天，我都在这世界上留下了我的痕迹。

傍晚的街心花园里热闹极了，老人的谈笑声、孩子的玩闹声，一阵阵在风中飘散开来，谱成一支欢乐的曲子。我一路顺着小道向前走，瞧见一个胖胖的小男孩儿正在学走路。他挥舞着两只胖乎乎的小手，一摇一摆地向前走，忽然一个跟跄，我忙伸出手扶他。小胖墩一下扑进我怀里，不远处的年轻母亲焦急地跑过来，对我露出感激的笑容："谢谢，真是多亏你了！"我有些不好意思地摆摆手，低下头，小胖墩仰起红苹果似的脸，咯咯地朝我笑，黑葡萄似的眼睛，在夕阳的余晖下，亮晶晶的。我也忍不住弯起了嘴角，心里美滋滋的，这个充满善意的世界，有我。

我匆匆回到家，天色已经暗了。奶奶催促着我吃完晚饭，收拾了餐桌，在厨房里洗碗。我蹑手蹑脚地走进厨房，主动要求洗碗。奶奶有些意外，不过看我一本正经的样子，虽然迟疑了一下，还是点了点头同意，又不放心叮嘱道："小心一点儿，别打碎碗伤到手。"我一边从奶奶手里接过碗，一边笑嘻嘻地对她保证："我知道啦，不会的。"奶奶在一旁看我有模有样地洗起了碗，露出一个欣慰满足的笑容，嘴里念叨着"丫头懂事啦"，乐呵呵地去看电视了。我发觉，这世界里小小的我的一点儿努力，能为家人带来满满的幸福与快乐。

夜渐渐深了，我坐在窗前，抬头瞥见我收留的那位小客人——盆被剪去叶子的天竺葵。在我的悉心照料下，它早已恢复了生机与活力。茂盛的叶子像是一把把张开的浅绿小蒲扇，悠闲地上下摆动着，顶上开出一簇簇红艳艳的小花，在轻柔的夜风中摇摆。我当初的一点儿善意，如今为这个世界多添了一抹生机与活力。

窗外，夜色正浓。漆黑的夜空中，有数不清的小小的星星正闪动着，为晚归的行人点亮一盏盏灯。

这世界里小小的我，就如同无边夜空中的一颗星，尽管渺小，但还要努力发光，为身边的人点一盏灯，用小小光亮，照亮他们的笑脸。

毕竟，这世界有我。

小小的我

何 以

八岁是勉强能让大人宽恕我的顽皮的年纪，但顽皮过了头，就会变成不讨喜。

在乡下，我总觉得天离自己很近，好像只要我那么轻轻一抓，就能抓到大把的云彩，放在嘴里嚼个几遍，再痛痛快快地随意踩在地上，泥土也变得柔软绵弹起来。

这样的幻想在幼年的我看来，觉得很有趣。太阳把云朵全都赶跑，使得我只能躲在屋子里，做着小小的坏事。

谁叫那恶毒的太阳，拉远了我的天，晒热了我的地。

于是我不小心烧了挂在阳台上的新衣，毁了奶奶最珍爱的玉镯。我的顽皮变成了顽劣，可爱变成了不讨喜。

"胡说！明明是我扔得远！"一个男孩儿的声音从屋外传了进来，我知道附近的小孩儿又来比谁扔的石头更远了。

那是种幼稚但又让我乐在其中的游戏，在地上挑出一个大小合适的石子，向远处抛去，像是在天地之间画上了一道完美的弧线，把它们连接起来，好让我抓抓那些云彩。

在屋子背后有一片草地，我挑了几颗好石子，独自去画那道

"天线"。第一颗石子落下的时候，我就再也不想扔过去第二颗了。

为什么呢？无数的蝴蝶从无数的草中飞出，有多少根草，就有多少蝴蝶。哗啦啦，蝴蝶盖满整个蓝色的苍穹，美得让我无法动弹。

天地之间站着一个小小的我，无心再去抓那云彩，整个灵魂好像都跟着蝴蝶飞走了，飞远了，什么都听不到，也看不到。那是另一番天地。

听到花开的声音

黄 迪

我是一只琴。

风呼呼地吹着，树叶哗啦啦作响，我睁开惺忪的眼，朝窗口看去，吸引我目光的，却是那株不知名的草。

它正缩着身子，在风中瑟瑟发抖，如同一个佝偻着腰的老头，仅存的几片叶子泛着黄色。真是可怜！我不禁为它感到难过极了。我听小主人说，每一棵草都有一个开花的梦，可它这样的瘦弱，恐怕不会有机会开花了吧？

正想着，一双冰冷的小手颤抖着放在我的身上。嘣——我的身体剧烈地颤抖着，发出嗡嗡的响声。那双手啪地向下按住，她的身子有些颤抖，又似乎有压抑着的隐隐的嘤泣声在我耳边响起。只不过一会儿，那哭声便停了，那双小手又上下翻飞起来。我心中默默叹了口气：小主人还没放弃啊，看来这又是一个不眠之夜。我已经不知道陪着小主人度过了多少个不眠的夜晚了。

小主人累极了，趴在桌上，沉沉睡着。窗外下着雨，啪嗒啪嗒打在窗玻璃上，我忽然有些担心那株不知名的花草——它总是在风雨中害怕地簌簌作响。

风从半掩的窗口探进来，掀起窗帘的一角，我看见了那株不知名的花草。我惊诧极了，它新长出的叶子间藏着一个半开的骨朵，在风雨中仰着微红的脸倔强地笑着。叽！我竟然好像听见了花瓣绽开的声音！它得经历了多少个暴风雨的夜晚才能在这样的苦难中扬起头啊！

小主人醒了！她直了直身子，将小小的手放在我身上，啪嗒啪嗒，假指甲轻轻地敲击着。我随着这节拍轻轻摇摆着身子。终于，琴音从她指尖飞落，串成一支轻快的曲子。

你听到了吗？这是花开的声音。

希望是擦去烦恼的橡皮

成长，离不开挫折的磨炼

蒋欣悦

时光如流水一般匆匆溜走，转眼，六年的小学生活即将宣告结束。说长不长，说短不短的六年里，我们由一个个充满稚气的儿童成长为一个个阳光少年。回顾过往，成长离不开自己的不懈努力，离不开长辈们的关心和鼓励，离不开同伴的合作帮助，更离不开的是挫折的磨炼。

记得那时候我上五年级，刚刚迈入高年级段，数学一直是我的"软肋"。我最怕考数学，一考就手抖腿抖，全身紧张，看到难题就立马蔫了，完全被数学这个"大恶魔"吓得魂都没了。果不其然，五年级上学期的第一次单元考，就以失败而告终——八十分。我一下子慌了神，来回翻看卷子，发现自己不少题目的审题思路都是错误的，有些题目甚至还不知道自己错在了哪儿，我一下子觉得天都塌了。经过老师讲评之后，我赶紧抄题订正。

有了那次的教训，我算是对数学上了心，完成家庭作业之后就做课外习题，上课也恨不得把耳朵竖起来听。天真的我以为这样努力，我的数学成绩就能有所提高，可是事与愿违，令我惊掉下巴的是，我的数学测验成绩考得一次比一次差，甚至还考出

希望是擦去烦恼的橡皮

了我小学生涯中的最低分——六十三分，我的心情跌入了谷底。老师找了我谈话，家长也和我谈心，我回家大哭了一场。但是痛哭过后，也还是要找原因的呀！我想了整整一下午，是我太笨了吗？不是。是老师教得不好吗？不是。是题目做得不够多吗？也不是。是我缺少自信心与直面困难的勇气，我一看到难题，还没有细细审题就暗示自己不会做，退缩，总认为自己想不出解题方法，这样的心理怎么可能取得好成绩呢！

找到了原因，就成功了一半，我重新鼓足信心，在测验中，看到难题，就迎难而上，积极思考，一种方法不行就换另一种方法，逐渐产生了一种不解开题誓不罢休的劲头。在平时的课堂上，我也积极和老师互动，勇于提出自己的疑惑，决不让听不懂不理解的题目过夜，把它们一个个当作敌人，用一个个智慧击败它们。功夫不负有心人，我送走了数学的严冬，迎来了暖春，考出了本学期第一个高分九十四分，我高兴极了，用自己的勤学和汗水换来了对数学的自信心。

后面的考试，我一次考得比一次好，甚至还考出了全班第一名的好成绩。我想，数学这个"大恶魔"终于被我给打败了！

成长，是一个很抽象的词语，但肯定的是，成长的你一定是多了生活的历练，一定有了直面困难的勇气。可以说，每一次挫折的磨炼促成了我们的成长！

让心灵开花

史文卓

我拖着一副疲惫的身体回到家，却有丝丝清香扑面而来。

桌上，热腾腾的饭菜正欢迎我的到来。父母微笑着送上关切的问候。我无言，挪到桌旁，轻轻坐下，举起筷子，却重又无奈地放下。父母担忧地注视着这一切，话到嘴边又咽了下去，想安慰我几句，可是无能为力。

看着父母脸上深深的沟壑与满眼的忧虑，我感到一阵酸楚。我冲进房间，泪水模糊了双眼，为自己的坎坷、为父母的关怀，更为自己从未发觉的父母的老去。

猛然间，进门便闻到的幽香再次充斥了我的鼻腔。我一下子坐起身，四处环顾。窗外，枯死的茶花在风中微微战栗。而花盆中那株"杂草"，多日未觉察，竟在经历几次狂风暴雨后，茁壮成长，并开出了极其美丽的花儿，在月光下，散发着阵阵暗香！我愣在那里，幡然悔悟，不由又热泪盈眶。

开花，便是证明自己的存在！"野草"挺过了大风大雨，也能开出花儿，香气四溢。那么自己呢？战胜道道荆棘后，也会实现梦想吗？既然柔弱的花儿能渡过难关，自己又有何理由屈服于挫折！在心灵开放一朵花儿，用花的精神面对坎坷，再艰难的境地，也会有属于自己的海阔天空！

让心灵开花，刀山火海也抵挡不住心海奔流。花儿开遍心田，心灵必将芬芳四散。没有什么风暴能难住花儿的精神，更何况是一颗开满花儿的心灵！

其实，我很幸福

杨 天

窗外的天空阴沉沉的，灰暗得透不出一丝光彩，雨哗啦啦地下着，街道上，挤满了匆匆忙忙的举着伞的行人。我扒拉着碗里的饭，借着暖黄色的灯光细细打量着爸爸，看着他衬衫上密密的暗点儿，微微有些出神。

水顺着屋檐滚落，啪嗒啪嗒滴在地上，我忙又向后退了几步，焦急地跺了跺脚。爸爸怎么还不来？

啪嗒啪嗒，一位母亲踩着水花，匆匆奔来。她一把将我身边的女孩儿搂在怀里，抚了抚女孩儿湿漉漉的头发，眉头微微皱起，目光中尽是心疼。看着她们相携远去的幸福背影，我心中有说不出的羡慕。在我看来，那种亲密与温情，是让我仰望的幸福。

天色渐渐暗了，我在屋檐下来回踱步，忽然，一片阴影落在我身上，抬头，看见了父亲那张不苟言笑的脸。他眉头拧成一个"川"字，微抿着嘴，将我拉到伞下，带着我，匆匆奔上了车。

下了车，头顶已是一片漆黑的夜空，我心中仍是积满了对爸爸的怨忿。哗啦啦！我回头，只见一个和我一般大的女孩儿正抖着手里的伞，她的头发湿漉漉地贴着额头，裤脚都被雨打湿了——她是爸爸同事的女儿。她也瞧见了我，看着丝毫未沾到雨水的我，她笑了笑："叔叔赶去接你啦？今天单位开会，我妈都没空管我。"她眼里，有一种说不说出的羡慕，就像是我看到那对母女一样，露出一种对幸福的渴望。

我忽然明白了爸爸迟来的原因，心中像是被什么堵住了，鼻尖酸涩，开始为自己的不体谅而愧疚起来。

尽管爸爸不善言辞，不苟言笑，但他却时时记挂着我，默默地呵护着我。我又何尝不是个幸福的人呢？

其实，我很幸福。

春暖花开

周奕天

"失败了！"刚参加完比赛的我脑中只萦绕着这三个字。但妈妈却什么也未说，仍微笑着接我去郊外的那座小山，延续那原有的庆祝胜利的计划。

一下车，我猛然觉得眼前原有的阴暗被一丝微亮的色彩劈出了一道裂纹，那样的渺小，却又那样夺目。继续向前漫步着，两三棵玉兰树忽地踊入我的眼帘，我本无心去观赏，却硬被妈妈"拽"了去。仔细看她们的第一眼，我的眼底便仿佛被映入了一大片似雪般圣洁的白，不由得让我想起《玉兰》中的名句："绰约新妆玉有辉，素娥千队雪成围。"她们是那样的圣白无瑕，那样的清冷孤傲。只见她们朝着无际的苍穹绽出了那最纯洁的笑脸，圣洁中透出一种冷艳与独立。我的心仿佛被什么抚过，只觉那花香竟一缕缕深入心扉，我便不由平添了几分赏花的兴致。

一路继续走着，妈妈忽地停住了脚步，拉我在一大片低矮的花丛中坐下，继而用柔和却又不失威严的声音对我说："知道你输了比赛很伤心，心中难免会失望，但知道自己输在哪里就可以了。现在既然出来玩了就别总把失败挂在心上。"妈妈说着，但我却不知为何不敢对着她的眼睛，就只得向上望着，视线却被头顶上那一朵"含羞"的花深深吸引。她的花瓣正在轻颤着，似那即将展翅的蝴蝶轻盈的翅膀，以极为缓慢的速度向外伸展着，里面的花蕊也逐渐清晰着。是的，她正在开放呢！那是一次最为美丽的绽放，那画面也深深刻在了我的心中。一会儿，便引来了一只蝴蝶为之停留。

看到这儿，我仿佛感到我的心中也有什么在破土而出，然后一点点成长、一点点绽放。她散发出来的香像一股暖流涌遍了全身，我忽然明白了，那花叫作——希望之花。是啊！这春暖的时节，也正是花开的时节，一切都充满了希望，没什么可以令人灰心丧气的。此时我在心中暗暗下了一个决定：我要再报名试一次，这次一定行！相信我的世界也将会春暖花开！

这样也挺好

董静雯

这个暑假，我迷恋上了看书，当真是应了那句"情不知所起，而一往情深"！

一到下午时分，我便会准时沏一杯茶，捧一本书，坐在窗前。不用多做些什么，只是简简单单地喝茶、看书、沐浴阳光。这样的午后，对我而言，莫过于最好的享受了。

坐于窗前，我感受着秋日绚烂阳光的温暖，感受着秋日徐徐微风的亲近。"这样也挺好，不是吗？"我自问道。我低着头，用两指轻夹起一页书，看着阳光透过指缝在书页上投下一片片斑驳的光晕，嗅着萦绕在鼻尖的绿茶的清香，听着一窗之隔的街道上，车轮轧碾路面的咕噜声，我感到非常满足。

窗外，阳光映照在墙壁上，令人感到温暖。窗内，我手捧的书上正叙述着一个又一个我不曾有过的生活，或喜或悲，但于我而言，它同样令人感到温暖。

这样被阳光包裹，这样被茶香包围，这样被生活的气息感染，这样真的也挺好！

书中的人，境遇各不相同。然而却无不让我体味到了生活的丰富、生命的精彩。带着心去看书，我仿佛透过手上书，感受到了许多或许我这一辈子都不会有的体会。这样，对于平凡而普通生活着的我而言，最好不过了。

夕阳渐渐西下，昏暗的余晖穿过窗户，折射在书页之上，更为书增添了一分朦胧。我依旧捧书而读，似在找寻"恨不知所终而纠结流离"的情怀!

一杯茶，一本书，一个人，如此简单，如此寻常，却也是如此的快乐美好!

享 受 过 程

张 萍

周末，美术老师约我们外出写生。想到可以走出这个高楼林立的世界，我的内心不禁欢欣雀跃起来。

唧唧，沙沙，混合着不同的声音。我用劲吸一口空气，夹杂着野花和树木的香气，溢满了我的身心。我们已经来到了郊外。我拉着好朋友，到处寻找写生点。兴冲冲的我们终于在一处河边停下，支好画架，摆好画笔。我要用我的笔，代替相机的镜头，画出这景。望向远处，夕阳下，波光粼粼的湖面，仿佛有千条金带飘动，那迷人的金色，让我移不开视线。我微眯双眼，一种无法言喻的感觉油然而生，却不知如何表达，只好加快挥动手中的笔。时间如溪水般流逝，不带一丝不舍。转眼，一下午的时间全在了画纸上。对比眼前的景，好似总觉得缺点什么。突然一只水鸟飞过，我恍然明白了！哦！是自然！是灵动！夕阳缓缓下沉，留下让人无限想象的空间……

事后，拿出画稿端详，虽称不上上品，跟别人相比也还有差距。但只有我知道，我已经收获满满，因为我享受了这一美妙的过程。虽结果不尽人意，可是我并不在意，因为这已经让我在这忙碌的世界得以放松，放下学习，放下一切，享受到了只属于自己的过程。

"你在笑什么啊？"

"嗯……我在享受。"

"享受什么？"

"属于我自己的过程。"

希望是擦去烦恼的橡皮

一个人的战斗

谢 天

学古筝的第四年，我正为即将到来的考级而准备着，突然传来老师要出差的消息，如同晴天里的一道霹雳，让我不知所措，完全不知道应该如何面对即将到来的一个人的战斗。

是因为没有老师的陪伴而丧失了信心吗？

我坐在窗前，夜的黑将我拥在怀里。四周静极了，连鸟儿都不再歌唱，只能听见秒针奔跑的脚步声，嘀嗒，嘀嗒，催促着我，提醒着我，挑战即将来临，我得一个人战斗。

我的指尖刚一触到琴弦，便不住地颤了颤，假指甲碰撞着冰冷的琴弦，发出咔嗒的声响，我的心里咯噔一下，伸出的手又收了回来。

我要认输吗？难道一个人的战斗还没开始，我就要打退堂鼓吗？不行，我决不能放弃！

望着窗玻璃上映出的我的身影，我深吸一口气，伸出双手抚上琴弦，断续的音符从指尖跳出来，奏响深夜唯一的旋律，一遍又一遍……

独自一人踏进考场，我心中满是不安，像是压着一座大山。

我努力地平复心绪，双手触碰到那琴弦，脑海中又浮现每晚我独自练琴的身影。深呼吸，终于我的手指开始在琴弦上跳跃，熟悉的节奏，熟练的指法，让我倍感安心。音符舞动着，我的心也随着舞动……

一曲终了，我深深地鞠躬。考官们纷纷对我露出赞许的微笑。我知道，这场一个人的战斗我胜利了。

或许，成长本就是一个人的战斗。抛下怯懦，告别依赖，以自信与勇气面对挑战，才能真正成长。即使有挫折，有困难，会焦虑，会不安，但那些汗水与泪水都会刻入我们成长的记忆，成为永恒的财富。

我成长了。

这场一个人的战斗，我胜利了。

致过去的自己的一封信

李家旺

亲爱的你：

好久不见！知道吗？现在的你变了很多。小时候的事情也逐渐淡忘了，我所知道的你，是在接受打击后成长的你。

以前的你真是井底之蛙，也碌碌无为，只能满足于老式的游戏机。现在的我对终端科技也无法满足，因为现在的世界变幻莫测。以前的你不知道追求，只满足于现状，对我来说以前的你真是幼稚。不过，我也羡慕你，因为现在的我虽然有追求，但是为此，我也不得不付出代价：只能在忙碌中拼命地挤出时间，寻找短暂的休息。

过去的你爱闹事，打伤了这位，打趴了那位。为此，你的父母付出了沉重的医药费。不过也多亏了你的这些经历警醒了我，现在的我向往和谐，没再因此付出代价。

以前的你和现在的我相差好大，但正是因为有过这样的你，才会有现在的我。在你的满足之后，我又发现了我新的追求，这就是我之后的动力，无穷无尽。

我曾失败过，也在愤怒与恐惧中走了一段很暗的路。不过这也是经历，由过去的你走过，在这条路的转折点，你变成了现在的我。这就是成长。

祝你足够坚强！一切安好！

现在的你

2017年1月1日

希望是擦去烦恼的橡皮

时光不老，我们不散

李 璐

我一如既往静静地坐在窗台上，十二月的风迎面扑来，寒冷刺骨。

"同学们，马上就要进入毕业倒计时一百天了，在这剩下来的日子里，每个同学都应该全力以赴！"这是在我们六年级的第一个学生会上，老师如此说道。一共只有三次学生会，而最后一次则是毕业典礼。

还记得初入小学时，我望着陌生的教室，一切都是那么陌生。可是，没想到在这里，我与你们一起收获了感动、快乐、成功与欢笑。真的没想到，我遇上了最好的你们，拥有了最棒的同学们。

还记得一起开小差、吃零食的我们吗？还记得体育课上为一项体质测试而大汗淋漓的我们吗？还记得运动会上为使咱班赢得好名次而努力的我们吗？

那些总是打着、笑着的日子，现在却俨然成了沉默苦涩的回忆。我们总以为时间还很长，却没料到它从我们的眼角悄无声息地流过。

我想，当我们长大后回忆起我们打打闹闹，为鸡毛蒜皮的小事拌嘴的时候，叫嚷着老师多么不近人情的时候，吐槽学校饭菜有多难吃的时候，却连看一眼学校都成了奢望。

趁着还有这一百多天的时间，请珍惜彼此，为小学生涯缀上一个完美的句号吧！

明年夏天，我们将分离，从朝夕相处到分道扬镳。不过，请相信，时光不老，我们不散！

真的谢谢你

薛煜菲

小时候的我是一个较为坚强的女孩儿，但有一次我被坏人吓到后，变得爱哭了。

上了小学，我仍有心理阴影。遇到委屈、难过的事，我会一个人躲在角落，偷偷地哭。直到颖儿的出现，才彻底改变了我。

那是二年级的时候，颖儿刚转来。我的"习惯"并没有受到这个活泼的新同学的影响。直到她撞破了我的"小秘密"。当时，她没有嘲笑我，反而安慰我，轻轻拍拍我的头，递给我一张纸让我擦擦眼泪。后来，每次我遇事哭泣的时候，她都会找来并在一旁陪伴我，安慰我。我开始不由自主地依赖她了。

可是，那天我又一个人躲在角落偷偷哭的时候，她却没来找我。我心里有些失落，又没有别人陪，我就不想哭了。擦擦那"愚蠢"的眼泪，拍拍手，又做自己的事去了。后来才发现，原来那次不是她没去找我，而是她找不到我。她说："你啥时候想哭，看我一眼，我和你一起去。"我奇怪："为什么？""我放心不下你这个小笨蛋一个人跑出去。"我吐吐舌头："才不会呢！"就跑开了，她也无奈地摇摇头。那时候，我心里暖洋洋的。

后来，我们成了好朋友、好知己。我也渐渐不哭了，因为我学会了其他的表达方式：说和写。我想说时就说给颖儿听；想写的时候，就写下来再给她看。慢慢地，我不再是爱哭鬼，我也变得活泼和积极了。

直到她后来随家人去外地读书时，我才道了那句迟来的感谢："真的谢谢你！"我拥抱她，向着她微笑，心里清楚，没有她，我也许还是那个"爱哭鬼"呢！颖儿，真的谢谢你！

心中那座桥

刘乃卿

古时的传说中，许仙与白娘子在雨中桥上相会，奏响了一段为世人所传颂的爱情赞歌。幼时的我，虽不懂那美丽而又凄惨的故事，却在脑海中留下依稀的印象。桥，一定意味着美好。

这天下午，阳光轻柔地向大地洒下光辉，秦淮河泛着淡淡的金波。我和好朋友漫步在河岸，阳光包围着我们，不同的两个影子在草地上错落出好看的样子。耳边一片静谧，轻轻地回荡着鸟儿鸣叫的声音。这一路走来，我们一句话也没有讲。我们低着头，慢慢地往前走。昨天的一幕幕仿佛就在眼前……

"你为什么跟别人说那些事？""……"面对朋友的质问，我无言以对。"我都说了不要讲！我以后什么也不想对你说！"朋友一句又一句生硬的话语如同石子抨击在我的心上。

一声鸟鸣将我从回忆拉回到现实。耳边依旧回荡着一声声抱怨与责怪，脑海是一片空白。我们走到了秦淮河上一座不知名的石桥。我站在这头，她立在那边。两人之间隔着几米的距离，却犹如有着几个世纪的鸿沟。我仿佛把自己关在了一个密闭的空间里，外面的人进不来，而我却怎么也走不出去。我望着脚下的石桥，流水从桥洞下缓缓流过。一座普普通通的桥，却能沟通了两岸，解决了许多不便。我突然有了某种想法。我慢慢地走近朋友，轻轻地拉起她的手，歉意地说："对不起！"她抬起头，扬起了一个灿烂的微笑，我也跟着笑了。我们的心中仿佛架起了一座桥梁，桥下的流水缓缓地带走了心中的不快与忧愁。这座桥是友谊的桥，更是一座爱的桥。它的根基就是那早已深种在心底的友谊的种子。

桥，一定意味着美好。

有你相伴

王念一

我家的老院子里，有棵桃树，陪伴了我许多年。

傍晚，天空下着淅淅沥沥的雨。我趴在窗口，脑海又浮现出老师失望的眼神，心里也下了雨。无意间我瞥见那棵桃树在雨中，轻轻摇晃着枝叶……

好些年前的春天的一个早晨，奶奶打扫院子，无意间发现角落里拱出一抹嫩绿。它伸着小小的脑袋，在和煦的微风里摇摆。那一点儿娇嫩的绿，让沉寂了一冬的角落有了生机，鲜活起来。我惊奇地问："这是什么呀？"奶奶告诉我它是一棵桃树苗，说是不知是谁吃的桃核掉在了这里，便生了根，发了芽。

从那天起，它就成了我的伙伴。

我坐在院子里咿咿呀呀地背唐诗，它也在春风中摇着脑袋，小小的叶子发出沙沙的声响，似乎是在跟我一起念。稚气的我，奋力地吮吸着知识的雨露，稚嫩的它，则卯足了劲儿，汲取阳光水分，一个劲儿地长。

夏天，我总将小木桌搬到桃树旁，它便静静地陪着我。小桃树枝繁叶茂，像是一把小绿伞，为我遮挡阳光。穿过层层叠叠的枝叶的阳光，在我的书页上映下星星点点的光斑，很是好看。

最盼望的是秋天，桃树结果了，整个院子都浸润在果香里。我咬一口新摘下来的桃子，清甜的果汁在唇齿间流淌，凉丝丝的。我满足地闭上眼，心里也甜滋滋的。我的整个秋天，都有这甜甜的香气相伴……

噼啪噼啪，冰冷的雨敲打在玻璃窗上，将我从回忆中拉回现实。雨下得更大了，我为院子里的桃树担心起来。这样大的风雨，它能扛过去吗？

再转身向窗外看去，我惊讶极了。只见桃树在风雨中不住摇摆，可它那高高的一枝上，竟然还有一个花骨朵！

雨渐渐停了，我跑进院子，细细地观察桃树。只看见那唯一的花骨朵，被春雨洗得更红更艳了！原来经历了风雨，才能更好地盛开。

有你相伴，我心中的阴雨渐渐停了。

你是我的一本书

刘淑文

那是几年前的一天，大雨滂沱，呼啸而过的风卷杂着雨滴敲打在窗前，我看着窗外灰沉沉的天空，心情也似那黑黑的天空。

我想着那片绿油油的草坪随时都会被这狂风刮折了腰，心情更不好了。

雨停了，我赶紧下了楼，楼下一片惨状：原本郁郁葱葱的树木此时基本上都成了光杆儿司令，路上随处可见小枝丫和满地的叶子。看到这，我的心沉了下去。连这些高大的树木都被祸及，何况小草呢？

可是，当我走到草坪前，我却被眼前的一切给震惊到了。这哪里像被暴风雨蹂躏过的景象？青葱的小草仿佛刚舒展开来，个个挺直了腰杆，还轻轻地摇摆，一片绿油油的。

后来，我才知道，风刮过，会吹弯他们的腰，但大风过去，他们还是会直挺挺地再次站立；雨打过，会打低他们的头，但大雨过去，他们还是会高高地昂起头……

这就是小草，这才是小草，柔弱之中包裹着坚强。

小草啊，你是我的一本书，你教会了我许多许多……

每当我遇到困难之时，我便会想起那片小草，他们是如此娇弱，却又如此顽强！面对风雨的挑战，他们没有正面迎击，他们只是稍稍弯下身子，以抵挡考验。

在人生的道路上，我们一定会遭遇到困难与挫折，只要让坚强走进我们的心灵，我们将会战无不胜，没有什么困难可以打败我们的。这就是小草这本书教给我的。

希望是擦去烦恼的橡皮